空き家も民泊も……知らないなんてもったいない！

今こそ使おう「定期」借家契約

定期借家研究会［編］

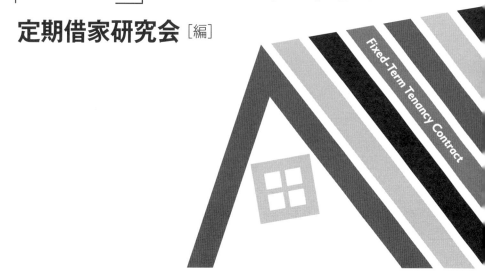

中央経済社

はしがき

　定期建物賃貸借制度（本書では，定期建物賃貸借制度を「定期借家制度」，定期建物賃貸借契約を「定期借家契約」といいます）が施行されて早19年以上が経ちました。

　定期借家制度は，この約19年の間に一定の社会的定着をみましたが，必ずしもいまだ十分に社会的に浸透していないこともあり，この制度の有用性が十分活かされているとはいえません。また，他方，その制度の運用上の問題点も生じてきています。

　そもそも定期借家制度は，「良質な賃貸住宅等の供給の促進に関する特別措置法」（以下，「特措法」といいます）として，旧建設省主導で建設委員会，国土・環境委員会で審議され，1999年11月25日に衆議院，同年12月9日に参議院を通過して成立し，借地借家法38条が改正され，2000年3月1日から施行された新しい賃貸借制度です（定期借家制度の立法経緯は，「Part4 定期借家制度の立法経緯を押さえよう」（199ページ以下）でくわしく述べます）。

　定期借家制度は，従来の普通借家契約の基本理念であった「法定更新制度」や「正当事由制度」を排除して，一定の賃貸借期間（定期）が終了すると賃貸借契約は必ず終了し，再契約をするか否かは，基本的に賃貸人の意思に任せるという制度です。

　従来の普通借家契約の場合は，賃貸人が契約の更新を拒絶または解約する場合などは，賃貸人側に正当事由が必要でしたので，賃借人の権利は一定の保護を受けていました。

　しかし，一部には正当事由制度を盾に高額な立退料などを要求する賃借人も存したため，老朽化した賃貸建物の円滑な建替えや商業施設の円滑なリ

ニューアルができないなどの不満も唱えられ，賃借人による一方的な不合理な立退料の要求等を許さないという視点もあって，定期借家制度が新しく創設されたのです。

　定期借家制度は，2000年の施行後から採用され始めましたが，実際は特措法の主目的とされた賃貸住宅には，あまり多く採用されていませんでした。

　これは特措法の附則で以下のような対応をしているからです。すなわち，附則2条では，「更新時の普通借家契約から定期借家契約への切替えは認めない」という原則を掲げつつ，附則3条で，居住用建物の賃貸借については「合意により終了させ，引き続き同一の建物を目的とする賃貸借をする場合は，当分の間，定期借家制度を適用しない」と定めています。

　よって，今日においてもなお，居住用建物の賃貸借については，合意により従前と同一の建物賃貸借契約を終了させ，定期借家契約へ切り替えることは認められていません。

　しかし，その反対解釈として，「事業用の借家契約の場合，定期借家契約への切替えが認められる」という解釈がなされています。

　このような経緯から，いまだ賃貸住宅では定期借家契約へ切り替えることの普及が不十分である一方，大規模商業施設の店舗では定期借家契約への切替えがなされ，その普及が進んでいます。今や，都市部の大規模商業施設における店舗の賃貸借契約は，ほとんど定期借家契約に切り替えられたといっても過言ではありません。

　今後，本来の目的である良質な賃貸住宅等の供給を促進するために，定期借家制度のさらなる有効かつ適切な普及と活用が望まれます。

　ところで，大型商業施設は，大都市の駅ターミナルを中心とした立地条件の良い一等地にあり，各種各様の商業店を抱え，多種多様な商品の品揃え，清潔感，気持ちの良い接客など，商業施設全体として一定の理念と目的の下

に運営されていますので，多くの消費者に利用されています。

　テナントにとって，多数の消費者が来訪する有名な大型商業施設に出店し長く経営していることは，自社のステータスにもなります。そのため，多少経済的に厳しい条件であっても，出店を希望するテナントが多く，ディベロッパーが示す契約形態や契約条件をそのまま了承して契約するところも多いのが実情です。

　もとより，一等地の商業施設ですから，保証金も賃料も高く，区画工事・内装工事も高くつきますし，商品の仕入れ，人員の募集など初期投資と運転資金は相当高額な負担となります。

　大型商業施設には，通常は何十・何百もの店舗が入っていますので，全テナントが定期借家契約を締結し，全テナントが期間満了で退店しますと，その商業施設自体の運営ができなくなります。そのため，一定の店舗入替えがなされるとしても，多くのテナントは，今までの賃貸借契約と同じように実質的には更新（再契約）されますので，テナントの側から言えば，必ず更新されると確信している人も多いようです。

　しかし，定期借家契約を再契約するか否かは賃貸人の意思に委ねられており，定期借家契約の期間は通常３年から５年とされていることが多いため，短期間で契約が終了し再契約がされないと投下資本の回収ができないという不測の事態も起こります。

　このように定期借家契約は，賃貸人側にとってはメリットが大きい一方，賃借人にとっては従来の正当事由制度が排除されるというデメリットやリスクがあるため，借地借家法38条２項は，定期借家契約の締結に際しては，定期借家契約におけるリスクの存在とリスクの内容を十分説明することを義務づけています。

　すなわち，賃貸人は，「あらかじめ」「書面を交付して」「契約の更新がなく，期間の満了により当該建物の賃貸借は終了する」ことを説明する（２

項）とともに、「公正証書による等書面によって契約する」こと（1項）が、定期借家契約の成立要件とされています。

この点、今までの賃貸借契約に慣れ親しんできた当事者は、お互いに形式的な契約書面の調印だけでよいと思っているようですが、それだけでなく、賃貸人は賃借人に対して別途説明文書を交付し、賃借人の知識または能力に応じた具体的な説明をすることが定期借家契約の成立要件となっていることに注意が必要です。

繰り返しになりますが、定期借家制度は正当事由制度を排除しています。正当事由制度は、長い歴史を経て構築されてきた借地借家法の根本理念です。定期借家制度は有用な制度ではありますが、今までの借家法の法体系を根本的にくつがえす制度で、賃貸人側に「契約終了権」という強い権利を付与しました。

そこで、私たちは、良質な賃貸住宅等の供給の促進を目指し、何より本来の定期借家契約の有効かつ適切な利用を図るとともに、その行き過ぎた弊害を予防し除去することをも目指し、賃貸人と賃借人の対等で規律ある定期借家制度の構築を考えるため、「定期借家研究会」を立ち上げ、本書を刊行することといたしました。

本書の構成ですが、本書ではまずPart1に、定期借家契約の骨子がわかるQ&Aをご用意しました。このQ&Aで定期借家契約で知っておくべき核となる部分は最低限押さえることができると思います（第8章（77ページ）は応用問題として事例による内容となっています。それまでの知識を総動員してチャレンジしてみてください）。

Part2では、定期借家契約を法律の面からさらにくわしく解説いたします。Part1を読まれて本制度の法解釈にも関心を持たれた方は、ぜひPart2もご一読ください。

なお，今般，少子高齢化の程度が進み，親が老人ホーム等に入居した後や亡くなった後などに放置される空き家が増えて重大な社会問題となっていますが，このようなケースで更新のない「定期借家契約」を使えば，賃貸人の都合に合った一定の期間で必ず終了する賃貸をすることも可能です。

　したがって，空き家の有効利用といった観点からも，定期借家制度の利用促進が見込めます。本書では，このような今日的な活用法についても検討したいと思います（Part 3 ）。

　他方，相次ぐ台風や震災等によって損傷した建物については，従前の普通借家契約といえども，賃貸人に正当事由がなければ必ず更新されるという「正当事由制度」が絶対的なものではなくなってきています。その辺りの事情についても本書で明らかにしたいと思います（Part 4 ）。

2019年 6 月

著者一同

Contents

はしがき　3

Part1　定期借家契約Ｑ＆Ａ

第1章　定期借家制度の概要 ……………………………………… 14

Q1　定期借家契約（定期建物賃貸借契約）とは？

Q2　普通借家契約との違い

Q3　定期借家制度の創設

Q4　期間が限定された賃貸借契約

Q5　定期借家契約のメリット・デメリット

第2章　新規に定期借家契約を締結する場合 ……………………… 25

Q6　契約締結上の注意（書面の交付・説明義務）

Q7　説明書の交付

Q8　再契約を匂わす説明の効力

Q9　説明の時期と契約の効力との関係

Q10　説明書面を受領した際の確認書

第3章　普通借家契約から定期借家契約への切替え ……………… 38

Q11　普通借家契約の更新の際の定期借家契約への切替え

Q12　好条件を示された定期借家契約への切替え

Q13　普通借家契約の更新に便乗した定期借家契約への切替え

Q14 高額の内装工事費と再契約への期待

第4章 **定期借家契約期間中に生じる問題** ……………………………… 48

Q15 賃料の増額・減額請求

Q16 中途解約

Q17 中途解約と違約金の定め

第5章 **定期借家契約の終了** ………………………………………………… 56

Q18 定期借家契約終了の手続

Q19 期間満了後の使用

Q20 期間満了の6か月前までに終了通知が来なかった場合

第6章 **再契約** ……………………………………………………………………… 63

Q21 再契約の可能性と方法

Q22 商業ビルに対する貢献と再契約

Q23 契約締結時の再契約の確約

Q24 再契約の際の定期借家契約の締結

第7章 **テナントの不安** ………………………………………………………… 74

Q25 賃貸人（ディベロッパー）による嫌がらせ

第8章 **Advanced（応用問題）** ……………………………………………… 77

Q26 事例1 事業用建物の場合

Q27 事例2 居住用賃貸物件の場合

Q28 事例3 空き家や老朽化した建物への活用方法

Part2	定期借家契約をさらに知ろう

第1章　契約締結時 ··· 90

1　絶対に必要とされる契約の書面化, 説明書面交付の義務, 説明義務　90

2　説明義務の内容（範囲, 方法, 程度）は？　94

3　説明義務違反の法的効果は？　103

4　「説明義務」とはそもそも何なのか？　104

5　説明義務を定めた他の法令の文言との比較　111

6　定期借家契約への切替えについて（特措法附則2, 3条の制限）　117

第2章　定期借家契約期間中 ······································· 120

1　賃料改定の可否　120

2　中途解約の可否等　123

第3章　契約期間満了時 ··· 128

1　期間満了1年前から6か月前までの終了通知　128

2　終了通知のポイント　129

3　再契約についてのポイント　132

第4章　賃貸人が注意すべきこと ································· 137

1　契約締結時における重要ポイント　137

2　契約終了時における重要ポイント（終了通知）　143

3　契約切替え時における重要ポイント（特措法附則3条）　145

第5章　平成の裁判例 ··· 146

Part3 ## 定期借家契約の今日的活用を考えよう

第1章 **「民泊」と「定期借家契約」** ·· 178

1 民泊とは？ 178

2 「民泊」と「定期借家契約」 180

第2章 **借家の老朽化と耐震性能の欠如・不足問題と定期借家契約** ····· 182

1 はじめに 182

2 普通借家契約の正当事由について 182

3 耐震性能の欠如・不足と定期借家契約の利用方法 187

第3章 **空き家対策としての有効活用** ··· 191

1 「空き家」問題 191

2 空き家問題への対策としての定期借家契約 192

第4章 **その他の「定期借家契約」の今日的利用方法** ···························· 194

1 賃借人の選別による環境改善 194

2 終了通知事務を勘案した期間の設定または解体・再築を見越した期間の設定 196

3 超高齢社会における定期借家契約 197

Part4 ## 定期借家制度の立法経緯を押さえよう

第1章 **定期借家制度の創設経過** ··· 200

1 定期借家制度の創設 200

2 普通借家契約における正当事由制度 200

3 特措法の成立・公布・施行 203

Contents 11

| 第2章 | **立法過程における議論** ························· 204 |

1　国会における議論の内容の紹介　204

2　借地借家法38条1項関係　204

3　借地借家法38条2項，3項関係　207

4　借地借家法38条4項，6項関係　208

5　借地借家法38条5項，6項関係　210

6　借地借家法38条7項関係　212

参考資料

定期賃貸住宅契約についての説明（借地借家法第38条第2項関係）　214

定期賃貸住宅契約終了についての通知（借地借家法第38条第4項，定期賃貸住宅標準
契約書第2条第3項関係）　215

定期賃貸住宅標準契約書（改訂版）　216

あとがき　226

```
【凡例】

特措法…良質な賃貸住宅等の供給の促進に関する特別措置法

宅建業法…宅地建物取引業法

民集…最高裁判所民事判例集

判時…判例時報
```

Part1

定期借家契約
Q & A

ここでは定期借家制度の問題点をよく理解していただくため，定期借家契約についての様々な疑問点について，Q&A方式でわかりやすく回答していきます。なお，定期借家契約に関する質問や相談の多くは，商業施設における定期借家契約についてであり，賃貸住宅については比較的少ないのが現状です。したがって，ここでは，主として商業施設におけるディベロッパー（貸主側）とテナント（借主側）の問題について考えています。

さらに第8章（77ページ）では，具体的な事例3つを提示し，第7章までの知識を基にした応用問題を示しています。本章がテナント側の不安解消に少しでもお役に立ちましたら幸いです。

※原則として「定期借家契約」という表現を用いていますが，条文の引用等に限っては厳密に「定期建物賃貸借契約」という表現を用いていますので，ご承知ください。

Part1

第1章 定期借家制度の概要

Q1 定期借家契約（定期建物賃貸借契約）とは？

定期借家契約とは，どのような契約ですか。

また，ここでいう「定期」とは，どのような意味ですか。

▶答えは15ページ

Q2 普通借家契約との違い

普通借家契約と定期借家契約とは，どのように違うのですか。

▶答えは17ページ

A1 　定期借家契約とは，契約で決められた賃貸借期間が満了すると確定的に終了する借家契約です。
　「定期」とは，一定の契約期間のことであり，上限下限などの期間の制限はありませんが，必ず一定の期間が定められていることが必要です。

必ず期間を定めます

　定期借家契約とは，契約の際に決められた契約期間が満了すると必ず終了する借地借家法38条に定められた建物賃貸借契約のことです。

　「定期」とは，一定の契約期間のことで，借家契約を締結する時に決められます。定期借地権の場合と異なり，借地借家法では契約期間につき法定期間がありませんので，期間の設定について特に制限はありません。したがって，定期借家契約の契約期間は1年未満の期間でも10年以上の期間にも決めることができます。

　たとえばQ26 **事例1**（77ページ）のケースでは，名古屋の新規契約では「3年」，大阪の切替契約では「5年」が一定の期間となります。賃貸人と賃借人との間で決められた期間が「定期」ということになるのです。

期間の満了によって必ず賃貸借契約は終了します

　定期借家契約は，「定期」の期間が満了すれば，絶対的に賃貸借契約が終了するという契約です。

　今までの賃貸借契約（以下，「普通借家契約」といいます）では，①期間が満了しても，賃借人が希望し，賃貸人が異議を述べなければ，引き続き使用し続けられるという法定更新制度（借地借家法26条）があり，また，②賃貸人が契約を終了させようとしても，正当な事由がない場合は終了させるこ

とができないという正当事由制度（同法28条）があり，賃借人の利用権について一定の制度的保障がありました。

> もっとくわしく！》Part4 第 1 章 ②(1)「正当事由制度の概要」（200ページ）

　しかし，新しく創設された「定期借家制度」では，法定更新制度と正当事由制度が排除されたため，賃貸借期間の満了によって絶対的に賃貸借関係が終了するということになるのです。

> もっとくわしく！》Part2 第 1 章 ①(2)「賃借人は弱い立場」（91ページ）

定期借家契約の要件

　定期借家契約を結ぶためには，次の要件が必要とされています（同法38条1項・2項）。

① 　一定の契約期間を定めること

② 　契約の更新がないこととすること

③ 　「公正証書による等書面」によって契約すること

④ 　あらかじめ賃貸人が賃借人に対し，「契約の更新がなく，期間の満了により当該建物の賃貸借が終了すること」について，その旨を記載した書面を交付して説明すること

A2　決定的な違いは，定期借家契約では，普通借家契約において認められている「法定更新制度」と「正当事由制度」がないことから，賃貸借期間が満了すると必ず契約が終了することです。

相違点

　普通借家契約と定期借家契約とでは内容や契約方法に大きな違いがあります。比較しますと，おおむね次のとおりです。

	普通借家契約	定期借家契約
契約方法	一般には賃貸借契約書が作成されていますが，法律上特に契約書の作成は求められていません。口頭で「この家を賃料何円で貸します」「借ります」という約束をすれば，契約が成立します。	①　あらかじめ，「契約の更新がなく，期間の満了により建物賃貸借契約が終了すること」について，その旨を記載した書面を交付して説明しなければなりません。 ②　公正証書等の書面によって契約をしなければなりません。
契約期間	特に契約期間を定めなくても構いません。期間の上限はありません。ただし，1年未満の契約期間は，期間の定めがないものとして取り扱われます（借地借家法29条1項）。	契約期間の長短は自由ですが，必ず一定の期間を定めなければなりません。
中途解約	①　一定の契約期間が定められた賃貸借契約の場合は，中途解約ができる旨の特約がない限り，中途解約はできません（民法618条の反対解釈）。 　このような特約があれば，後述の期間の定めのない賃貸借契約と同様となります（民法618条）。 ②　期間の定めのない賃貸借契約の場合，賃借人からの解約申入れに	①　一定の契約期間が定められた賃貸借契約ですから，一定の期間が定められた普通借家契約と同じく，中途解約できる旨の特約がない限り中途解約ができません（民法618条の反対解釈）。 ②　ただし，賃借人は，床面積200㎡未満の居住用建物の場合，一定の要件で中途解約ができます（借地借家法38条5項）。

	は３か月の予告期間（民法617条１項２号）を，賃貸人からの解約申入れには６か月の予告期間（借地借家法27条）をおけば，いつでも解約できます。 　ただし，賃貸人からの解約申入れには，予告期間に加えて，正当事由が必要です（借地借家法28条）。	
賃料の増額・減額	賃料を増額しない旨の特約がある場合には，賃料の増額はできません（借地借家法32条１項ただし書）。 　このような特約がなければ，不動産の価格，固定資産税等の公租公課及び近隣の同種建物の賃料の情勢等の事情の変更によって，賃料の増額・減額の請求をすることができます（借地借家法32条１項本文）。	増額・減額をする・しないを問わず，自由に特約を定めることができます（借地借家法38条７項）。 　賃料の増額・減額に関する特約がない場合には，普通賃貸借と同様となり，不動産の価格，固定資産税等の公租公課及び近隣の同種建物の賃料の情勢等の事情の変更によって，賃料の増額・減額の請求をすることができます（借地借家法32条１項本文）。
契約期間の満了と賃貸借契約の終了（更新の有無）	契約期間が満了し，賃貸人が賃貸借契約を終了させようとする場合は，更新拒絶の通知をすること（借地借家法26条１項）と，更新拒絶をする「正当の事由」が必要です（借地借家法28条）。	①　契約期間の満了により，賃貸借契約は必ず終了します。更新という考え方はありません。 ②　賃貸人は，賃貸借期間満了の１年前から６か月前までの間に賃貸借契約が終了する旨の通知をする義務があります（借地借家法38条４項）。

　Q26 事例1 ②（78ページ）においては，新オーナー（賃貸人）が賃借人に対して，従前の普通借家契約から定期借家契約への切替えを要請していますが，新オーナー（賃貸人）が着目しているのは，定期借家契約であれば賃貸借期間が満了すると必ず契約が終了するということです。

Q3 定期借家制度の創設

定期借家制度は，いつ，どのような経緯でできたのでしょうか。

▶答えは20ページ

Q4 期間が限定された賃貸借契約

定期借家制度以外に，一定の期間の満了をもって契約が終了する賃貸借はあるのでしょうか。

▶答えは22ページ

Q5 定期借家契約のメリット・デメリット

定期借家契約を締結したほうがよいか否か，判断のポイントが知りたいです。賃借人の立場から，定期借家契約のメリットとデメリットを教えてください。

▶答えは23ページ

A3 　定期借家制度は，1999年の「良質な賃貸住宅等の供給の促進に関する特別措置法」（以下，「特措法」といいます）の制定によって新しく作られた制度です。特措法は，規制緩和の一環として検討され，議員立法で成立していますが，立法手続上の問題や反対意見もありました。

重大な法制度の変更を伴う新しい法律の誕生

　定期借家制度は，特措法の制定によって新しく創設された制度です。

　特措法1条では，「定期建物賃貸借制度を設け，もって国民生活の安定と福祉の増進に寄与すること」という目的が掲げられ，「良質な賃貸住宅等の供給を促進するため，国及び地方自治体が必要な措置を講ずるよう努めること」とされています。

　特措法は，1999年11月25日に衆議院で，同年12月9日に参議院でそれぞれ可決され，その際同時に借地借家法38条が改正されて創設された「定期建物賃貸借制度」ですが，これは政府提案ではなく，規制緩和の一環として議員から提案されたものでした。

　正当事由制度の排除という借地借家法の根幹を揺るがす重大な法制度の変更を伴うものであるにもかかわらず，法務省法制審議会の審議がなく，建設委員会と国土・環境委員会の審議を経て議員立法として可決されたのです。

法務省の反対意見

なお，法務省民事局借地借家等に関する研究会は，1996年4月19日，規制緩和の一環として検討されていた「定期建物賃貸借制度」が正当事由制度を排除することを前提とする制度であることについて，「借家法における正当事由については，十分に論議が尽くされた問題であり，国民の利害を十分に調整した上，国会の大多数の賛成により成立したものであって，その後，現在まで，社会的・経済的に特段の事情の変化はなく，正当事由制度を排除する定期建物賃貸借制度の導入には反対である」との意見を公表しています。

立法経過

くわしい立法経緯については，本書Part4「定期借家制度の立法経緯を押さえよう」をご覧ください。

もっとくわしく！》Part4 第2章「立法過程における議論」（204～212ページ）

A4　一定期間の満了をもって契約が終了する賃貸借としては，定期借家制度以外に，
(1)　取壊し予定の建物の賃貸借（借地借家法39条）
(2)　一時使用目的の建物の賃貸借（借地借家法40条）
という制度が設けられています。いずれも一定の期間を定めた賃貸借契約で，一定の期間が経過すれば，「正当事由」の有無を問うことなく契約が終了するという点で定期借家制度と共通しています。

取壊し予定の建物の賃貸借（借地借家法39条）

　取壊し予定の建物の賃貸借は，たとえば，「建物のある土地の所有者が土地の売買契約を締結し，その2年後にその土地を更地にして買主に引き渡すことを合意していた場合における，その2年後の建物の取壊しまでの期間に限った建物の賃貸借」など，法令や契約により一定期間経過後に建物を取り壊すことが明らかである場合の制度です。

一時使用目的の建物の賃貸借（借地借家法40条）

　一時使用目的の建物の賃貸借は，たとえば，「国政選挙の選挙期間中の選挙事務所として建物を賃貸するといった場合」など，一時的な使用のために建物の賃貸借をしたことが客観的な事情からも明らかである場合の制度です。
　なお，建物賃貸借契約書の中で「一時使用」の文言が明記されていたとしても，それだけで当然に一時使用目的の建物の賃貸借と認められるわけではないことに，注意が必要です。
　取壊し予定の建物の賃貸借や一時使用目的の建物の賃貸借の場合には，定められた期間の経過により，「正当事由」（借地借家法28条）の有無を問うことなく契約が終了することとなります。

A5　定期借家契約の締結による借りる側のメリットとしては，賃料・保証金の低額化が考えられます。デメリットは，期間の満了によって必ず契約が終了しますので，賃借人が引き続き借りることを希望しても退去せざるをえないことです。

定期借家契約の借手のメリット

(1) 賃料・保証金が比較的低額

　定期借家契約には正当事由制度の適用がなく，賃貸借期間が満了すると契約が必ず終了するため，更新の許否をめぐるトラブルがなく，立退料等のコストを減らすことができることから，その分，賃料・保証金が比較的低額に設定される傾向があります。

　ただし，定期借家契約であれば必ず賃料・保証金が低額に抑えられているというわけではありませんので，注意が必要です。

(2) 商業施設のリニューアルが促され，施設全体の活性化につながる

　多くのテナントが入居する大規模商業施設などにおいては，時間の経過とともに施設が当初の輝きを失っていくことは避けられませんが，貸主が定期借家契約の期間の満了を利用してリニューアル工事を行い，施設を新しく美しく生まれ変わらせたり，売上の芳しくないテナントを退店させ，替わって顧客の目を引くテナントを入居させたりして施設全体を活性化させることが可能です。このことは，施設に入居するテナントにもメリットがあると考えられます。

　もっとも，定期借家契約満了時に，賃貸人と再契約して施設に入居し続け

ることができる保証はなく，常に施設から退店させられるリスクも負っていることになります。

定期借家契約の借手のデメリット

　デメリットは，何といっても賃貸借期間の満了により契約が終了し，賃貸人との再契約ができない限りは，退去しなくてはならないことです。たとえ賃借人が再契約を希望しても，賃貸人も再契約を希望しない限り再契約はなく，施設に居続けることはできないのです。また，再契約ができる場合であっても，従前と同一の条件で契約できる保証はありません。

　したがって，賃借人は，賃貸借期間の満了により退去しなければならない事態になることを覚悟して，契約しなければならないといえます。

　そのため，定期借家契約を締結して施設に入るにあたり，多額の内装等工事を行うような場合は，それだけの投資を行ったにもかかわらず，期間満了時に退去を余儀なくされることがあることを十分に踏まえて，慎重に検討しておく必要があります。

　Q26 事例1 ①（77ページ）のように，初めて定期借家契約の締結を検討することになった賃借人は，何よりも上記の点に留意し，それでも契約する価値があるかどうかを考える必要があります。

第2章 新規に定期借家契約を締結する場合

Q6 契約締結上の注意（書面の交付・説明義務）

定期借家契約をする場合には，どのような点に注意しなければなりませんか。

▶答えは26ページ

Q7 説明書の交付

「定期借家契約についての説明書」という書面をもらいましたが，これは，どのような書面なのでしょうか。

▶答えは29ページ

A6 定期借家契約は普通借家契約とは異なり,「契約の更新がない」という大きなリスクを伴います。そのため,必ず「公正証書による等書面によって」契約を締結することが必要であり,賃貸人は,契約に先立って説明書面の交付と説明書面に基づく説明をする義務を負っています。

これらの要件を備えない契約は,定期借家契約としては無効であり,更新のある普通借家契約となることに,賃貸人は十分に注意が必要です。

定期借家契約では「契約の更新」がありません

繰り返しになりますが,定期借家契約には契約の更新がなく,契約期間の満了によって賃貸借契約が必ず終了することとされ,契約終了に係る従来の正当事由制度は排除されました。したがって,今までの普通借家契約とは全く異なり,定期借家契約は,「契約の更新がない」という大きなリスクを伴う借家契約の形態となることに十分な注意が必要です。

そして,法定更新制度及び正当事由制度を排除する代償として,借地借家法38条1項及び2項は,定期借家契約が有効に成立するための厳格な要件を定めています。

定期借家契約の成立要件

(1) 書面による契約締結

「公正証書による等書面によって」契約を締結しなければいけません。

普通借家契約では口頭でも契約できますが,定期借家契約の場合は契約期間の満了によって必ず終了しますので,そのことを明確にするために,必ず「公正証書による等書面によって」契約を締結しなければならないとされて

います。

　そして，定期借家契約書では，必ず一定の期間を定め，「契約の更新がなく，期間の満了により当該建物の賃貸借が終了すること」を明記することが求められています。

　なお，「公正証書による等書面によって」とは，書面であれば足り，必ずしも公正証書による必要はありません。

(2)　契約に先立つ書面の交付と説明

ア）　説明書面の交付と説明書面に基づく説明

　定期借家契約を締結する場合，賃貸人は賃借人に対し，あらかじめ，この建物の賃貸借には「契約の更新がない」こと及び「期間の満了により当該建物の賃貸借が終了する」ことを記載した説明書面を別途交付しなければなりません。

　しかも，説明書面を交付しただけでは足りず，賃貸人は賃借人に対し，この説明書面を用いて，これらの内容について十分に説明をしなければなりません（借地借家法38条2項）。

イ）リスクを理解させるためにする説明の事前性（「あらかじめ」要件）

　説明書面の交付とこれに基づく説明は，定期借家契約を締結する前に，「あらかじめ」なされなければなりません（借地借家法38条2項）。

　これは，賃借人に，定期借家契約が従来の普通借家契約と異なって，契約が更新されないという重大なリスクを伴うことを理解してもらい，賃借人にこれを納得した上で契約してもらうためです。

　この点，東京地裁平成24年3月23日判決（Part 2 第5章「平成の裁判例」④（152ページ））は，「契約と同一機会であっても，契約締結に時的に先立っていれば，『あらかじめ』に当たると言うべきである」と判示しましたが，上記の趣旨からすれば，賃借人が理解して納得するために十分

な時間的余裕を確保するのが望ましいでしょう。

もっとくわしく！≫Part2 第 1 章② 「説明義務の内容（範囲, 方法, 程度）は？」（94〜103ページ）

説明書面が交付されなかった場合や説明不足の効果

説明書面の交付がないまたは同書面に基づく説明がないときは，たとえ定期借家契約書が作成されていても，定期借家契約としては無効であり，従来の普通借家契約となります（借地借家法38条 3 項）。

説明書面の交付義務と説明義務は，長年にわたり培われてきた普通借家契約制度に適用されていた法定更新制度や正当事由制度という制度が，定期借家制度において排除されたという重大なリスクを補填するために設けられた要件であり，必ず実行しなければならない手続となっています。

もっとくわしく！≫Part2 第 1 章③ 「説明義務違反の法的効果は？」（103ページ）

Q26 事例 1 ③（78ページ）における賃借人は「まさか最初の 3 年（契約期間）で追い出されることなどあるのでしょうか」と驚いていますが，まさに，そのような誤解をさせないように，賃貸人には厳格な説明義務が課せられているのです。

A7　定期借家契約には「更新」がありません。期間が終了すれば必ず明け渡さなければならず，その点で賃借人は大きなリスクを負うことになります。
　「定期借家契約についての説明書」は，賃借人がこのようなリスクを負うことを十分に理解させるための書面です。

　説明書とは，借地借家法38条2項に定めている定期借家契約として，「契約の更新がなく，期間の満了により当該建物の賃貸借が終了すること」が記載された書面のことです。
　これには，単に「定期借家契約であること」が抽象的に記載されているだけでは不十分であり，契約の更新がないこと及び期間満了をもって契約が終了することが明確に記載されている必要があります。
　たとえ定期借家契約書が作成されていても，別途これらの必要事項が記載された説明書の交付がない場合は，「契約の更新がない」という特約部分は無効となり，定期借家契約としての効力を持たず，普通借家契約としての効力のみを有することになります（借地借家法38条3項）。
　この点，最高裁平成24年9月13日判決は，「（借地借家）法38条2項所定の書面は，賃借人が，当該契約に係る賃貸借は契約の更新がなく，期間の満了により終了すると認識しているか否かにかかわらず，契約書とは別個独立の書面であることを要するというべきである」と判示し，説明書（説明文書）は，形式的に賃貸借契約書とは別途に作成しなければならない旨を明らかにしました。

> もっとくわしく！》Part2 第1章①(3)「借地借家法38条2項（「交付して説明」）に関する裁判例」（92ページ）・②(1)「説明書面の記載事項」（94ページ）

Q26 事例1 ③（78ページ）のように，賃借人がこのリスクを誤解していると，契約終了の可否についてトラブルになることがありますが，契約締結前に賃貸人がこの説明書面を賃借人に交付していなければ，それだけで，定期借家契約は成立せず，普通借家契約となって賃貸人に正当事由がない限り契約を更新しなくてはならなくなってしまうほど重要な書面です。

Q8 再契約を匂わす説明の効力

賃貸人は，「5年間の期間満了で終了する契約ですが，期間満了時の状況次第では再契約することもあります」と言っていますが，再契約をしてもらえる保障はあるのでしょうか。

▶答えは32ページ

Q9 説明の時期と契約の効力との関係

賃貸人による定期借家契約の説明について，「あらかじめ……書面を交付して説明しなければならない」と規定していますが（借地借家法38条2項），説明が，①契約締結の直前，②契約締結と同時，③契約締結後になされた場合，それぞれの場合で契約の効力に違いが生じるのでしょうか。

▶答えは34ページ

Q10 説明書面を受領した際の確認書

定期借家契約を締結するにあたり，賃貸人から，定期借家契約書と一緒に，「定期借家契約の説明を受けました」と記載された確認書にも署名・押印してくださいと言われていますが，この確認書にはどのような意味があるのでしょうか。

確認書がなくても，契約書に「説明を受けました」という記載があれば，定期借家契約になってしまうのでしょうか。

▶答えは36ページ

第2章
新規に定期借家契約を締結する場合

A8　定期借家契約を締結した限り，期間満了によって当然契約は終了します。賃貸人が「状況次第では再契約することもあります」と言っても，再契約をするか否かは賃貸人の判断にかかっており，必ず再契約してもらえる保障はありません。

定期借家契約に必ず再契約してもらえる保障はない

　賃貸人の発言は，期間満了時の状況によっては再契約する可能性があるというだけであり，5年後に必ず再契約してもらえる保障はありません。

　普通借家契約の場合は，正当事由制度によって契約の更新が原則として保障されるのに対し，定期借家契約では，正当事由制度が排除されていますので，一定の期間が満了すると必ず賃貸借が終了することはここまで何度も述べてきたとおりです。

　そのため，定期借家契約を締結する場合は，あらかじめ，「期間の更新がなく，期間の満了によって当該建物の賃貸借は終了する」旨の記載がある書面を交付し，その旨の説明をしなければならないとされているわけです（借地借家法38条2項）。

再契約の合意（予約）や再契約の確約について

　質問のように，契約する際に賃貸人から再契約の可能性について匂わされることがありますが，「状況次第では再契約することもあります」とか「よほどのことがない限り再契約します」という程度では，「再契約の予約（後述）」が成立したとはいえません。

　もっとも，「必ず再契約します」と確約されたような場合は，むしろ定期借家契約としての説明とはいえませんので，定期借家契約の効力は生じず，

普通借家契約が成立することになります。

> もっとくわしく！≫ Part2 第3章③(3)「再契約の予約契約について」(135ページ)

定期借家契約において再契約を約束することができるのか

では，定期借家契約としての有効性を維持したまま，再契約を予約することは可能でしょうか。

前述のとおり，無条件に再契約の予約を認めることは，結局当初の契約が定期借家契約であること自体を否定することになって無効ですが，再契約の予約が認められる場合を限定し，その具体的条件が定められた場合は，その予約の効力は認められると考えます。この場合，その具体的条件が満たされれば，賃借人に「再契約をしてもらう権利」（予約完結権）が発生することになります。

なお，この予約によって生じる再契約は，賃貸借契約の更新とは異なります。あくまで最初の定期借家契約は期間満了により終了しますので，条件を満たすときに限って効力が生じる予約契約により，改めて新しい定期借家契約が締結（再契約）されるということです（予約契約に付されるべき条件については，A22（66ページ）をご参照ください）。

> もっとくわしく！≫ Part2 第3章③「再契約についてのポイント」(132〜136ページ)

新規契約または契約切替によって定期借家契約を締結したい賃貸人は，賃借人の不安を察して，このように再契約を期待させる説明をしてしまうことが多いようです。Q26 事例1 ③（78ページ）の賃借人も誤解しているようですが，これについては注意を要します。

A9　定期借家契約は更新制度がないなど賃借人に不利益となる内容が含まれていますが、その説明を「あらかじめ」賃貸人に要求した理由は、賃借人に予期せぬ不利益を与えてはいけないというところにあります。

したがって、このような不利益な内容を賃借人に十分に理解させるためには、契約締結後（③）の説明が許されないことは当然として、契約締結と同時（②）あるいは契約締結の直前（①）では不十分というべきです（ただし、学説や裁判例においても争いのあるところです）。

Point

契約締結後の説明は「あらかじめ」の説明とはなりません

借地借家法38条2項は、定期借家契約を締結しようとするときは、「建物の賃貸人は、あらかじめ…（略）…契約の更新がなく、期間の満了により当該建物の賃貸借は終了することについて、その旨を記載した書面を交付して説明しなければならない」と規定しています。

契約締結後の説明（③）は「あらかじめ」の説明ではありませんので、上記の借地借家法38条2項の要件を満たさないことは明らかです。

「あらかじめ」とは「契約を締結する前」の意味です

「あらかじめ」とは、契約を締結する前でなくてはなりません。

あらかじめ説明しなければならないとされているのは、従来の普通借家契約で保障されていた法定更新制度及び正当事由制度が排除されたという賃借人にとっての重大な不利益を、契約を締結する前に賃借人に理解してもらい、納得して契約をしてもらうためです。

学説や裁判例においても争いのあるところですが、この趣旨から考えますと、賃借人が、賃貸人の説明を聞いて、普通借家契約とは異なる不利益のあ

ること及びその内容を理解するための時間が必要です。したがって，契約締結と同時の説明（②）や，契約締結直前の説明（①）では不十分であり，ある程度考えて理解するだけの時間が必要になると解すべきです。

なお，東京地裁平成24年3月23日判決は，「契約と同一機会であっても，契約締結に時的に先立っていれば『あらかじめ』に当たるというべきである」として，契約締結直前の説明（①）で足りる旨判示していますが，疑問の残る判断です。

「あらかじめ」の説明がないときには定期借家契約は無効です

「あらかじめ」の説明がないときは，たとえ定期借家契約書が作成されていても定期借家契約としては無効であり，法律上は普通借家契約となります（借地借家法38条3項）。

A7（29ページ）では，契約締結前に賃貸人が説明書面を賃借人に交付していなければ，それだけで，定期借家契約は成立しないと述べましたが，上記のように，賃貸人が説明書面を作成し交付していても，その交付時期が契約書作成の後であれば（そのことを証明できれば），それだけで，定期借家契約は成立せず，その契約は普通借家契約になります。

A10 　定期借家契約には更新の制度がなく，期間満了によって契約は当然に終了することから，賃貸人は，終了によるリスクを負う賃借人に対して，十分な説明をすることが義務づけられています。

　確認書は，契約締結に際し，あらかじめ説明書面の交付と説明をしたことを確認するための書面です。確認書は，賃貸人が「説明書面を交付して，説明した」ことを証明する証拠になり，後日，定期借家契約の成立について争いとなることに備えたものになります。

　したがって，確認書への署名・押印は，自身が定期借家契約について十分な説明を受け，理解できたときに初めてするようにしてください。

Point

「確認書」に署名・押印することの意味

　確認書は，通常，「定期借家契約に関する説明書」の下欄に「確認書」という標題と「定期借家契約についての説明を聞きました」という文言が印刷され，説明書と一体の書面となっています。

　これは定期借家契約の締結に際し，あらかじめ説明書面の交付と説明をしたことを確認するためです。後日，定期借家契約の締結について，トラブルが発生し裁判になったときに，確認書は，賃貸人が「説明書面を交付して，説明した」ことを証明する証拠となります。

「確認書」に署名・押印する際の注意点

　このように確認書は大切な書面ですので，賃借人は，あらかじめ説明書面の交付を受け，説明を聞いて納得した上で署名・押印しなければなりません。賃借人が署名・押印した確認書は，賃借人が賃貸人から，あらかじめ説明書面の交付を受け，説明を聞いて定期借家契約を締結したと推定される証拠になってしまうことに，十分にご留意ください。

なお,「推定される」と言いましたのは,確認書が存在することだけで,あらかじめ説明書面の交付を受け,説明を聞いたということが完全に証明されるということではないという意味です。

　すなわち,契約締結時に同席していた人の証言などから,賃借人が「あらかじめ書面の交付を受けたことがないこと」や「説明も聞いていないこと」を反証することができた場合には,推定をくつがえすことができるということです。

　A7（29ページ）では,契約締結前に賃貸人が説明書面を賃借人に交付していなければ,それだけで,定期借家契約は成立しないと述べました（しかも,この場合,賃貸人は,賃借人に説明書面を交付していたという事実を証明することはできないでしょう）。

　しかし,逆に,賃借人が,説明書面の下欄にある「説明を受けました」との確認書欄に日付を記入して署名捺印すれば,説明書面の交付を受けたことと,これに基づく説明を受けたことが推定されるので,一転して,賃貸人は安心することができます。

　ただし,その前提として,賃貸人が賃借人に対し,説明書面に記載された内容を,賃借人に誤解を与えないようていねいに説明しなければならないことは言うまでもありません。

Part1

第3章 普通借家契約から 定期借家契約への切替え

Q11 普通借家契約の更新の際の定期借家契約への切替え

　店舗の普通借家契約の期限が来る前に，ビルのオーナーが替わりました。新オーナーからは，「今までの賃貸借契約（期間2年）を賃貸借契約期間を5年とする定期借家契約に切り替えてほしい」と言われましたが，「切替え」とはどのような意味ですか。今までの「更新」とは違うのでしょうか。

　また，私はこの申入れに応じなければならないのでしょうか。

▶答えは39ページ

Q12 好条件を示された定期借家契約への切替え

　賃貸人から，現在の敷金1,000万円を500万円に減額し，500万円を返還するので，今までの普通借家契約から定期借家契約へ切り替えてほしいと言われています。500万円が返ってくると資金繰りも助かりますので，定期借家契約に切り替えてもよいと考えていますが，何か不利益はありますか。

▶答えは41ページ

A11　「更新」は従来からの契約と同じであるのに対し,「切替え」は新しい契約であり,両者は全く異なりますので,注意しましょう。
　建物の所有者（賃貸人）が替わっても,契約を切り替える義務はありません。

「更新」は従来からの契約であるのに対し,「切替え」は新しい契約です

　Q11の新しい賃貸人が言う「切替え」とは,今までの契約形態と違う新しい契約形態に替える,ということです。重要なことは,普通借家契約を終わらせて,定期借家契約に替えるものだということです。

　今までの普通借家契約では,ここまで何度か述べてきたとおり,期間の定めがある場合,当事者が期間の満了の1年前から半年前までに更新をしない旨の通知をしなければ従前と同一条件で契約が更新され,以後,期間は定めのないものとなる,法定更新制度（借地借家法26条）や,賃貸人による更新拒絶・解約の申入れは正当事由のない限りすることができないとする正当事由制度など,歴史的に構築されてきた制度によって賃借人は手厚く保護されていました。

　ところが,定期借家制度は,これらの制度が排除され,一定の契約期間が到来すると契約が必ず終了するという制度です。したがって,この契約形態の切替えによって,次の期限が到来した時は,もはや契約の更新はなく賃貸借契約が終了することになりますので,慎重に考える必要があります。

建物の所有者が替わっても契約を切り替える義務はありません

　普通借家契約の場合は，建物の所有者が替わると，特段の手続を経ることなく，新しい所有者が従前の普通借家契約における賃貸人の地位を承継します。したがってQ11の場合，期限が到来すると，期間2年の普通借家契約の更新がされることになります。このとき，賃借人は，切替えに応じる必要も義務もありません。

　一方，定期借家契約は，期間満了によって確実に賃貸借契約が終了するという点で賃貸人にとって大変有利な制度ですので，機会があれば，定期借家契約に切り替えたいと考えるのが通常です。

　賃貸人が替わったことや期限が到来したことを口実にして，定期借家契約への切替えを要求してくるケースは多く見られますので，十分注意してください。

A12　定期借家契約は，期間が満了すると当然に契約が終了するという点で不利益があります。

定期借家契約では期限が来ると当然契約が終了します

　500万円の返還は，資金繰りの上で魅力的だと思いますが，普通借家契約から定期借家契約に切り替わると，期間満了後に同一の物件で事業を継続することが保障されない状況に置かれるということを，十分に理解しておく必要があります。

　その上で，期間が満了した時に物件を明け渡さなければならないリスクを負ってでも，資金繰りのために500万円を受け取ったほうがよいのかという経営上の判断を慎重に行う必要があります。

　定期借家契約への切替えに応じますと，賃貸人との契約関係は，普通借家契約が終了し定期借家契約が始まります。従来の普通借家契約の場合は，法定更新制度があり，賃貸人に正当事由がなければ契約は更新されますが，定期借家契約に切り替わると，これらの制度がありませんので，期間の満了により賃貸借契約は終了し，建物を明け渡さなければなりません。

　Q26 事例1 ②（78ページ）の賃借人も，それまでの普通借家契約の期間「2年」を，定期借家契約では「5年」にするとの提案を受けていますが，他方で，契約更新が保障されなくなるので，同様の慎重な判断を迫られています。

定期借家契約への切替えの義務はありません

　普通借家契約の賃借人は，賃貸人からの定期借家契約への切替えの要求に応じる義務はありません。「切替え」の依頼は，「今までの契約関係を終了さ

せて新しい契約関係を築きませんか」という賃貸人からの申込みですから，切替えに応じるか否かは賃借人の自由です。したがって，切替えの依頼を断ったからといって，特に不利益も受けることはなく，今までの普通借家契約が継続するだけです。

大型商業ビルで定期借家契約への切替えを拒否できるか

　都心の大型商業ビルは，ほとんどが普通借家契約から定期借家契約に切り替えられています。賃借人は，定期借家契約への切替えを承諾する義務はありませんが，これを拒否すべきか否かの判断は，大変難しい問題を含んでいます。

　都心の大型商業ビルのオーナーはほとんど大企業ですし，その施設は一流で集客力があります。賃借人（テナント）としては，大型商業ビルに出店し，事業を継続することが自店のステータスとなりますし，何よりも継続した営業収益が上げられますので，何とか契約を維持したいと考えるでしょう。

　しかし，定期借家契約への切替えを拒否した場合，賃貸人（ディベロッパー）から何かと無理難題を言われるケースもあるようです。

　賃貸人との間で構築されてきた良好な信頼関係が崩れることを恐れた結果，結局定期借家契約への切替えに応じざるを得ないと判断するテナントが多いというのが実情のようです。

　もっとも，切替えに応じたため，期間満了で退店させられたというケースも数多くありますので，賃借人は厳しく難しい判断が求められます。

Q13 普通借家契約の更新に便乗した定期借家契約への切替え

２年契約で店舗を賃借し，すでに賃貸借契約は４回更新していますが，５回目の更新の時に賃貸人が契約書を置いていきました。この契約書は，今までの契約書とは違い，「定期借家契約書」と印刷されていました。見ると，賃料額に変更はないものの，契約期間が５年に変更になっていましたが，疑問も持たず，むしろ安心して，これに署名・押印して賃貸人に届けました。

「契約についての説明書」という用紙も一緒に入っていましたが，これも特に気にすることなく，下欄の確認書に署名・押印をして契約書と一緒に届けました。

この度，６回目の更新の時期になったところ，賃貸人から契約終了の通知が来て，退店してくれと言われています。出て行かなくてはならないのでしょうか。

▶答えは44ページ

Q14 高額の内装工事費と再契約への期待

私は，契約期間「３年」の定期借家契約をした際，賃貸人の了解を得て，約1,000万円をかけて建物の内装を一新する工事をしました。

このような多大な費用をかけた内装工事をした賃借人でも，３年後に契約が終了し，賃貸人から明渡しを求められたら，３年後には必ず明け渡さなければならないのでしょうか。

▶答えは46ページ

A13　定期借家契約を締結するにあたり，賃貸人と話をされた形跡がありませんので，定期借家契約の内容，特に「契約の更新がないこと」と「期間の満了により賃貸借契約が終了すること」(借地借家法38条2項)についての説明がされたとはいえません。

　このように適切に説明がされていない場合は，定期借家契約は成立せず，従来どおりの普通借家契約が成立したことになりますので，退店する必要はありません。ただし，もし裁判になった場合は，主張されている事実関係が証明できるかどうかがポイントになります。

定期借家契約の成立といえるためには？

　定期借家契約が成立するためには，次の手順が踏まれたことが必要です。

(1) **説明書面の交付と説明**

　定期借家契約を締結する場合，賃貸人は賃借人に対して，「この賃貸借契約には契約の更新がないこと」「期間満了により当該建物の賃貸借契約が終了すること」の2点について，その旨を記載した書面を「あらかじめ」，「交付して説明しなければならない」とされています(借地借家法38条2項)。

(2) **書面について**

　この書面には，「定期借家契約についての説明書(説明書面)」と「定期借家契約書」の2通があります。そして，説明書面には，通常，賃借人が説明を受けたことを確認するために，書面の下欄に，説明を受けた旨の文字が印刷され，賃借人が署名(記名)・押印する箇所が設けられています。

(3) 説明について

定期借家契約の締結に際して，上記借地借家法38条2項の規定により，賃貸人は，定期借家契約について説明書面を交付するだけではなく，説明書面に基づいて，口頭でもその内容を説明する必要があります。ただ，現実には本問のように，書面が交付されただけで「よく読んでおいてくださいね」などと言われ，口頭で具体的な説明がなされない場合があります。

しかし，借地借家法が説明を要求した理由が，従来の借家契約で保障されていた「法定更新制度」及び「正当事由制度」の排除という賃借人にとっての重大なリスクを，賃借人に理解してもらい納得して契約をしてもらうことにありますから，口頭での説明が全くなかったり，実際に行われた説明が賃借人にとって理解できないような仕方や内容であった場合は，法が求める説明があったとはいえません（例えば，東京地裁平成24年3月23日判決（Part2第5章「平成の裁判例」④（152ページ））は，「六法全書を読んでください」といった対応をする程度のものでは足りない旨判示しています）。

「書面の交付」及び「説明」の有無に関する証明がポイントとなる

「書面の交付」と「説明」を行ったことは，まず賃貸人が証明しなければなりません。ここで，「定期借家契約書」「定期借家契約についての説明書」及び「この説明を受けたことを確認する確認書」の書類が整っていると，書面の交付と説明が行われたという事実が推定されます。

したがって，その場合，今度は賃借人において説明がなかったことを主張し，かつ，説明があったとはいえない事情を証明していくことが必要となります。

そのためには，契約更新時の状況，賃借人が説明された事実関係（書類を置いていった事実，書類を届けただけで説明を受けなかったという事実）を，賃借人自身はもとより，従業員や家族など関係者の証言などでできるだけ明らかにする必要があります。

A14
賃貸人が再契約に応じてくれない限り，3年間の期間が満了すると定期借家契約が終了となりますので，賃貸人から明渡しを求められれば，それに応じなければなりません。

内装工事費を回収できる保障はありません

　内装工事に約1,000万円を費やしたことは，賃借人にとって大きな負担ですが，内装工事をしたことだけでは明渡しを拒否できる理由とはなりません。

　このような事情があるのであれば，定期借家契約での契約を断るか，定期借家契約で契約をするとしても契約期間を5～6年とするなどの交渉をすべきだったと考えます。

再契約してもらえるよう努力してください

　定期借家契約では，賃貸人は，期間満了の1年前から6か月前までの間に期間満了により賃貸借が終了する旨の通知をしなければなりませんが，6か月前に契約終了の通知を受けてから，期間満了までの半年間が再契約についての交渉期間となります。

　賃貸人は，定期借家契約を締結する際に約1,000万円をかけて内装工事をしていること，3年間で内装改装工事に投下した資金を回収し，利益を上げることは厳しいということをわかっているとも考えられます。

　そこで，粘り強く交渉して，何とか再契約してもらえるよう努力する他に方法はありません。

賃貸人が定期借家について十分な説明をしていなかった場合は別です

　定期借家契約の締結に際し，賃貸人から定期借家契約についての説明を十分に受けていなかったり，３年間では投下した内装工事費が回収できないと説明したことに対し，賃貸人が「心配しなくても必ず再契約してあげます」などと回答していた場合は，定期借家契約の説明義務を果たしておらず，「定期借家契約が成立していない」「再契約の約束がなされた」または「再契約に応じずに明渡しを求めることが権利の濫用に当たる」といった反論ができる余地はあります。

　ただし，上記回答のあったことは賃借人のほうで証明する必要があり，また，その証明は必ずしも容易ではありません。

Part 1

第4章 定期借家契約期間中に生じる問題

Q15 賃料の増額・減額請求

（賃貸人の立場から）

　5年間の定期借家契約を締結して，店舗を賃貸しています。最近,土地・建物の固定資産税が高くなり，賃料を増額したいのですが,増額することはできるでしょうか。

（賃借人の立場から）

　5年間の定期借家契約を締結して，店舗を賃借していますが，経営状態が厳しくなっているのに加えて，近隣の賃料に比べて高すぎると思われますので，賃料の値下げを要求したいと考えています。値下げの請求はできるでしょうか。

▶答えは49ページ

Part 1
定期借家契約 Q & A

A15 　賃貸人も賃借人も，原則として賃料の値上げや値下げの請求をすること自体は可能です。ただし，賃料改定特約によって，賃料の増減額の基準が定められている場合は，この特約に従わなければなりません。そして，それが賃料の増減額を禁止する旨の特約であれば，値上げや値下げの請求をすることはできません。

経済情勢に応じて値上げや値下げの請求ができます

　賃貸借契約では，長い契約期間中に不動産の価格の上昇や低下，固定資産税の変動等の経済情勢が変わる場合があります。このような場合に，経済情勢を反映した適正な価格に賃料の値上げや値下げを請求することができることが定められています（借地借家法32条）。

　定期借家契約にも借地借家法32条の適用がありますので，経済情勢に照らして賃料が低すぎるまたは高すぎる場合，賃貸人または賃借人は，賃料の値上げや値下げを請求することができます。

　賃貸人または賃借人が値下げや値上げに応じてくれない場合は，裁判所における調停や訴訟をしなければなりませんが，裁判所では，賃料を決めた時と値上げや値下げ請求をした時との経済情勢の変動等を考慮して，賃料の増減額の可否や当否が判断されます。

賃料改定特約がある場合

　例外的に，賃料改定特約（借地借家法38条7項「借賃（賃料）の改定に係る特約」）がある場合は，借地借家法32条を用いることができません（借地借家法38条7項）。

　定期借家契約が一定期間に限定された賃貸借契約であることから，その期

間中においては，賃料改定の有無やその方法に関しては当事者間の当初の意思決定（賃料改定特約）に拘束され，値上げや値下げをめぐる紛争を避けたほうがよいという趣旨から定められたものです。

たとえば「契約期間中は賃料を改定しないものとする」という特約がある場合は，そもそも値上げや値下げはできません。また，「一定期間の経過（たとえば2年ごとに）に応じて一定額または一定率で増額する」といった特約や，「特定の経済指標（たとえば卸売物価指数や消費者物価指数）に連動して増減する」といった特約がある場合には，特約で定められた条件と異なる理由による値上げや値下げの請求をすることはできません。

なお，このような賃料改定特約があるときは，契約後に事情が大きく変わり，当初約束した賃料額が不相当となった場合であっても，賃貸人，賃借人双方ともにこの特約に拘束されるため，経済情勢に即した値上げや値下げを求めることができないので，注意が必要です。

ただし，あまりに長期間の定期借家契約（たとえば30年の契約期間）であれば，この期間内には単なる経済情勢の変動にとどまらない様々な事情の変化が生じる可能性がありますので，そのような特別な場合は，特約の拘束力にも一定の限界は存在すると考えられます（事情変更の法理）。

Q16 中途解約

　5年間の定期借家契約を締結していますが，契約期間途中に，賃借人から解約することができますか。居住用賃貸住宅の場合であれば，どうでしょうか。

▶答えは52ページ

Q17 中途解約と違約金の定め

　事業用に5年間の定期借家契約を締結した後，無事に同内容の契約で再契約をしてもらえましたが，再契約後1年も経たないうちに病気になり，撤退しなければならなくなりました。そこで，賃貸人に解約したいと言いましたが，残っている約4年間の賃料を違約金として払ってくれと言われました。

　確かに契約書にはそのように記載されていますが，高額な金額になり困っています。違約金の請求に応じなければならないのでしょうか。ちなみに，これが居住用賃貸住宅の場合，結論は異なるのでしょうか。

▶答えは54ページ

A16 あらかじめ中途解約ができることを合意して定めていれば，その定めた内容にしたがって中途解約ができますが，中途解約に関する合意がない場合は，賃貸人の同意を得られなければ中途解約はできません。

ただし，居住用賃貸住宅の場合は，住宅の床面積が200㎡未満であれば，解約したい理由と事情次第では，解約できる場合があります。

中途解約には合意が必要です

定期借家契約では，必ず確定的な契約期間が決められます。

この期間中，賃貸人には「賃貸する義務」が，賃借人には「賃借する義務（賃料を支払う義務を含む）」があります。もちろん契約期間は賃貸借契約の目的に照らして合理的な期間であることが大切ですが，一度定められた以上は双方ともこの期間を全うする義務が生じます。

したがって，あらかじめ中途解約ができる場合を定めているときや，賃貸人の同意が得られたときでない限り，中途解約をすることはできません。

契約締結の際，期間満了前に撤退する可能性があるのであれば，あらかじめ契約書上に「契約期間の途中で解約できる」という旨の条項を入れてもらうよう交渉することが大切です。

小規模賃貸住宅の例外

ただし，居住用賃貸住宅の場合で床面積が200㎡未満の建物については，「転勤，療養，親族の介護その他のやむを得ない事情により，建物の賃借人が建物を自己の生活の本拠として使用することが困難となったとき」は解約でき，この場合は，解約の申入れの日から1か月が経過すれば契約が終了すると規定されています（借地借家法38条5項）。

これは，比較的小規模な住宅に関しては，賃借人側に住宅の使用継続ができないことにやむを得ない事情が発生した場合は，速やかに解約をさせてあげようという考えから設けられた規定です。

　この規定は強行規定ですので，これに反する賃借人に不利な契約（たとえば，中途解約できる場合をより限定する旨の契約や，１か月を超える期間の経過を必要とする旨の契約など）は無効となります（同条６項）。

> もっとくわしく！≫Part2 第 2 章 ②(3)「借地借家法38条５項：小規模賃貸住宅の場合（例外その２）」（124ページ）

A17 中途解約に関する違約金の定めは，特別の事情がない限り有効です。
ただし，違約金があまりにも高額で公序良俗に反するなどの特別の事情がある場合は，違約金の定めが無効になる場合があります。

原則として契約書にしたがった違約金の支払いが必要です

　前述のとおり，定期借家契約では必ず一定の契約期間が定められており，賃貸人と賃借人の双方がこの契約期間を守らなければならず，賃貸人と賃借人の間で合意がない限りは，中途解約をすることはできません。

　そして，契約書に「中途解約をすることはできるが，残存期間の賃料を違約金として支払わなくてはならない」という記載がある場合，賃貸人と賃借人は，まさに，そのような合意をしたのですから，原則として，残存期間の賃料を違約金として支払わない限り中途解約をすることはできません。

例外的に違約金の金額が制限される場合があります

　もっとも，たとえば残存期間の賃料の数倍を違約金とするという合意などは，違約金があまりにも高額に過ぎ，暴利行為として公序良俗に反して無効（民法90条）になる可能性が高いでしょう。

　本件は5年契約で残存期間4年のケースですが，では10年契約で残存期間9年の場合はどうなのか，賃借人が残存期間9年分の違約金を支払わなければ中途解約はできないのかどうかは，悩ましい問題になってきます。

　普通借家契約の場合も，残存期間分の賃料相当額の違約金の定めについては，原則として有効とされますが，極めて短期で解約された場合などは，賃借人にとってあまりにも過酷になる場合がありますから，個別具体的な事情に応じて，一定期間（大体6か月〜1年間）を超える部分については，公序

良俗違反により無効とならないかどうかを判断するというのが裁判例です（東京地裁平成8年8月22日判決など）。

　しかし，定期借家契約の場合は，普通借家契約と比較して，当事者が定めた「定期」の契約期間どおりに契約が継続するという期待がより大きいと言えますから，これを個別具体的な事情の1つとして考慮すると，公序良俗違反と判断されにくい（残存期間分の賃料相当額の違約金の定めが有効と判断されやすい）傾向になると考えられます（当研究会の見解）。

居住用賃貸住宅の場合は別論となります

(1)　小規模賃貸住宅の場合

　居住用賃貸住宅の場合で床面積が200㎡未満の建物については，「転勤，療養，親族の介護その他のやむを得ない事情により，建物の賃借人が建物を自己の生活の本拠として使用することが困難となったとき」は解約ができ，この場合は，「解約の申入れの日から一月を経過することによって」定期建物賃貸借契約は終了すると規定されています（借地借家法38条5項）。

　この規定は強行規定ですので，これに反する賃借人側に不利な違約金の定め，たとえば1か月の賃料を超える違約金の定めは，借地借家法38条6項に反して無効であると主張することが可能です（東京地裁平成20年9月25日判決）。

(2)　消費者契約法が適用される場合

　また，消費者契約法は，事業者と消費者の間の契約に適用される法律であり，同法9条1号は，通常生じると考えられる「平均的な損害」を超える違約金の定めは無効になることを定めています。消費者が非事業用のために定期借家契約を締結した場合（個人的に居住用住宅を賃借した場合の多くがこれに該当するでしょう）には，消費者契約法9条1号によって，過大な違約金の定めが無効であると主張できる場合があります。

Part1

第**5**章　定期借家契約の終了

Q18 定期借家契約終了の手続

　定期借家契約は，契約期間が満了すると自動的に終了するのでしょうか。また，契約が終了するまでの間に，通知はされないのでしょうか。

▶答えは57ページ

Q19 期間満了後の使用

　賃貸人から，期間満了の6か月前に「期間の満了により建物の賃貸借が終了する旨の通知」（終了通知）が送られてきたので賃貸人に再契約を申し入れましたところ，再契約はしないという回答でした。
　現在借りている店舗は重要な事業拠点であり，退店したくありません。このまま使用し続けた場合，どうなるのでしょうか。

▶答えは58ページ

A18　通常は，契約期間満了の1年前から6か月前までの間に，賃貸人が賃借人に対して，賃貸借契約終了の通知を送ります。その通知は，書面でなく電話で行われる場合もあります。

期間満了の1年前から6か月前までの間に通知があります

　定期借家契約の場合，契約を終了させるためには，賃貸人は，期間満了の1年前から6か月前までの間（通知期間）に，「期間の満了により建物の賃貸借が終了する旨の通知」をしなければならないとされています（借地借家法38条4項）。

　これは，定期借家契約が一定の期間に限り賃貸する契約形態で，契約の更新がなく，期間満了により契約が終了することになるといっても，賃借人は，いつ期間が満了するのかを明確に認識していないことがあり，突然退去を要求されても対応できないといったことに備えたものです。

　つまり，1年前から6か月前という余裕を持って期間満了の通知をし，再契約への準備または退店（明渡し）の準備をするための期間を設けて，スムーズに契約を終了させようとするものです。

書面による通知が一般的ですが，電話での終了通知も認められています

　借地借家法では，契約終了通知の方法を規定していません。通常は，確実を期するために書面で通知しますが，口頭での通知も，電話での通知も有効です。もっとも，後日争いになった場合に，口頭や電話での通知であれば，契約期間満了の1年前から6か月前に終了通知をしたことを証明できるのかという問題も残りますので，できるだけ書面による通知をお勧めします。

　Q26 事例1 ③（78ページ）においては，この通知は書面でなされています。

A19　このまま店舗を使用し続けた場合，賃貸人から明渡請求訴訟を提起され，最終的には退店させられることになります。また，契約内容にもよりますが，実際に退去するまでの期間について，通常の賃料以外に違約金を支払わされる場合もあります。
　ただし，定期借家契約の締結過程に問題がある場合は，退店しなくてもよい場合があります。

Point

このまま使用し続けたとしても定期借家契約は終了します

　定期借家契約が有効に成立しており，借地借家法38条4項に定める期間満了の通知が適切になされたときは，期間の満了により契約は終了することになります。
　再契約をするか否かは，賃貸人の専権事項であり，賃借人から再契約を求めたとしても，賃貸人がこれに応じる義務はありません。
　期間満了後は，店舗を使用する根拠がなくなりますので，そのまま使用し続けたとしても，賃貸借契約が更新されたり，再契約とみなされるという余地はありません。

契約終了後も使用し続けていると明渡訴訟を提起される可能性が高い

　それでも退店しないでいると，賃貸人から明渡しを求める訴訟を提起される可能性が高くなります。定期借家契約が有効に成立し，借地借家法38条4項に定める期間満了の通知が適切になされている場合，賃貸人の明渡請求に対抗する手段がありません。
　裁判所により明渡しの判決が言い渡され，それでも退店しない場合は，明渡しの強制執行を受けることになります。

違約金を支払わなければならないこともあります

定期借家契約では，契約が終了しても明渡しをしないときは，契約上定められた違約金を支払わなければなりませんが，「賃料の倍額を違約金として支払う」旨の契約内容になっていることが多いと思います。

したがって，そのような定めがあるときは，判決で賃料の倍額の違約金を支払うよう命じられることにもなります。

契約成立自体に問題があるときには退店する必要はありません

ただし，定期借家契約の成立自体に問題がある場合は（説明書面の交付がなく，交付があっても説明がされなかった等），定期借家契約が有効に成立しているのか，普通借家契約が成立したに過ぎないのかという根本的な問題が争われることになり，その結果，定期借家契約の成立が認められない場合には，普通借家契約が継続していることになります。

この場合は，引き続き店舗を使用することができることになり，退店する必要はありません。

Q20 期間満了の6か月前までに終了通知が来なかった場合

① 定期借家契約を締結して入店しています。あと2か月で契約期間が満了するのですが，賃貸人からは何も通知がありません。今後契約期間満了までの間に終了通知が届いたらどうなりますか。

② 賃貸人から何ら通知がないまま，契約期間が満了しました。建物を利用する必要がありましたので，これまでどおり建物を利用し，賃料も払っておりましたが，期間満了から3か月経過後に，突然終了通知が届きました。この場合も，明け渡さなければいけないのですか。

▶答えは61ページ

A20 ① 終了通知が届いてから6か月後に明け渡す必要があります。
② 定期借家契約が更新されることはありませんので，期間満了後であっても，賃貸人から終了通知が届いたら，そこから6か月で明け渡さなければなりません。

契約期間前の終了通知の効果

　賃貸人が通知期間（「期間満了の一年前から六月前までの間」借地借家法38条4項本文）の経過後，契約期間満了前に，賃借人に対して契約終了の通知をした場合は，その通知の日から6か月後に明け渡さなければなりません。
　この場合（①のケース。なお，Q26 **事例1** ③（78ページ）においても，終了通知は，期間満了の6か月前を過ぎてからなされています）は法律に定めがあります（借地借家法38条4項但書）。
　しかし，契約期間満了後に終了通知がされた場合（②のケース）は，法律に定めがありませんので，以下のとおり，解釈の問題となります。

契約の自動更新

(1) 定期借家契約として更新されることはありません

　普通借家契約では，期間が満了しても賃借人が継続を希望するときは，原則として，従前の契約が継続し，同一の条件で契約を更新したとみなされます（法定更新制度：借地借家法26条）。
　しかし，定期借家契約の場合，契約期間の満了により必ず契約が終了しますので，契約更新の余地はありません。

⑵ 賃貸人から終了通知が届いてから6か月で明け渡さなければなりません

賃貸人が通知をしないまま期間満了を迎えた場合でも，定期借家契約は期間満了によって確定的に終了し，賃貸人が終了通知をしてから6か月が経過すると，賃借人は明渡しをしなければなりません（東京地裁平成21年3月19日判決（判例時報2054号98頁），Part 2 第5章「平成の裁判例」②（148ページ）参照）。

ア）賃借人の対応

賃借人としては，終了通知から6か月後に明け渡さなければならないので，明渡時期が不確定であることに不安を覚える場合は，契約期間終了前に賃貸人に対して，再契約したいとの希望を伝える書面を送って協議を求める方法があります。もっとも，この方法は，賃貸人に終了通知の発送を誘発する面があることにご留意ください。

イ）賃貸人の対応

上記判決は，一般条項（信義則や権利濫用）による賃借人救済や普通借家契約成立の可能性にも言及しておりますので，賃貸人としては，どんなに遅くとも，契約期間終了までに通知しておくことが大切です。

もっとくわしくPart2 第3章②「終了通知のポイント」（129〜132ページ）

Part 1

第6章 再契約

Q21 再契約の可能性と方法

　定期借家契約では，契約期間が満了すれば，例外なく明け渡さなければならないのでしょうか。契約の更新や再契約など契約を継続する方法はないのでしょうか。

▶答えは64ページ

Q22 商業ビルに対する貢献と再契約

　期間3年の定期借家契約を締結して3年が経過し，一度は無事に再契約にたどりつくことができました。その間，テナントで作っている商店会の運営にも積極的に協力してきましたし，売上も順調に伸ばしてきましたので，売上歩合賃料も年々増加しています。また，一昨年のリニューアル工事にも積極的に協力するなど，この商業ビルの発展に少なからず寄与してきたと自負しています。

　このような場合でも，二度目の定期借家契約が終了した際に，必ず再契約が保障されるといった手段はないのでしょうか。

▶答えは66ページ

第6章
再契約
63

A21　定期借家契約には「契約の更新」がないので，期間満了により必ず明け渡さなければなりません。また，「再契約」が可能かどうかは，もっぱら賃貸人の判断に委ねられています。

Point

定期借家契約は「更新」のない契約です

　定期借家契約には「契約の更新」はなく，賃貸人から期間満了の1年前から6か月前までの間に契約終了通知があれば，期間満了で契約は終了し，借りている建物を明け渡さなければなりません。

　繰り返しになりますが，定期借家制度は，正当事由制度を排除し，契約の更新がないこととしたのが最大の特徴です。期間が満了すれば必ず賃借人に明渡しを求めることができるという賃貸人に強い権利を与える制度が，定期借家契約制度なのです。したがって，契約成立の要件は厳しく判断され，賃借人が十分に理解して契約したことが必要となります。

「再契約」と「更新」は異なります

　再契約は，再度新たに契約するという意味であり，契約が期間満了の前後で継続している契約更新とは異なります。

　従来の普通借家契約では，期間が満了しても賃借人が継続を希望するときは，原則として，従前の契約が継続し，同一の条件で契約を更新したとみなされますが（法定更新制度：借地借家法26条），「再契約」は，契約が一度終了したことを前提として新たに契約するものです。

　　　もっとくわしく！≫Part2 第3章3(1)「「更新」との違い及び「再契約」を
　　　する際に注意すべきこと」（132ページ）

賃貸人には「再契約」に応じる義務がありません

　賃貸人には，期間満了後に契約を継続しなければならない義務はありませんし，再契約に応じなければならないという義務もありません。再契約をするか否かは賃貸人の一存で決められるわけです。

賃借権と抵当権との優劣も「再契約」時が基準となります

　再契約の可否は，抵当権が設定されている借家契約にも大きな影響を与えることになります。

　借家契約が抵当権の設定より先に締結されている場合は，契約「更新」後の賃借権も抵当権に優先しますが，「再契約」の場合は，新たな契約ですので，抵当権に劣後することになり，抵当権の実行により建物を競落した第三者に対し，賃借権を主張できなくなるという事態が起こります。

A22　このような場合でも，定期借家契約である以上，「更新」はありません。ただし，賃貸人との間で，一定の条件を定めて「再契約」をすることを予約した場合は，この予約により賃貸人は賃借人と再契約をする義務を負います。

「更新」されず「再契約」の保障もないのが定期借家契約です

　定期借家契約は，一定の期間に限り賃貸するという制度であり，「契約の更新がなく」「期間の満了により当該建物の賃貸借が終了する」ということを本質としています。

　このような本質は，賃借人の売上が順調かどうかといった事情は関係がありませんので，定期借家契約である以上，契約の更新はなく，期間の満了をもって賃貸借契約が終了することが原則です。

　したがって，「必ず更新される」とか「再契約が保障される」という手段を伴わせることは，定期借家契約の本質に反することになりますので，認められません。

再契約の予約契約という方法により救済される場合

(1) 再契約の予約契約

　定期借家契約の契約期間満了後に再契約をして店舗を借り続けるために，賃借人と賃貸人との間で，一定の条件の下に再契約の予約契約を締結することは考えられます。

　再契約の予約契約については，期間の満了をもって契約が終了するという定期借家契約の本質に反してしまうことを理由に一律無効と考える立場もあ

ります。しかし，再契約の予約契約を禁止する規定もありませんので，再契
約の予約契約を締結すること自体は可能と考えます。

　なぜなら，そもそも賃貸人が再契約の予約契約をするということは，期間
の満了によって契約を終了させることができる権利を一部放棄するものなの
で，予約契約によって，賃借人に再契約できる権利を認めても，賃貸人・賃
借人ともに不測の損害がないからです。したがって，再契約の予約契約は有
効と考えてよいと思います。

(2)　再契約の予約契約が有効である条件

　ただし，再契約の予約契約の内容が無条件である場合，たとえば，「期間
が満了したときは，当然に再契約します」という予約契約を認めると，結局
のところ「更新」や「再契約」を無限定に保障したのと同じことになり，定
期借家制度の本質に反することになります（このような無限定の保障を内容
とする予約契約を伴う定期借家契約は，普通借家契約と同じではないかと考
えられます）。

　したがって，再契約の予約契約が有効となるためには，あくまで一定の条
件を設定することが必要となります。

　定期借家契約の締結時や契約期間中に，賃貸人と再契約の可否について協
議した上，条件付きの再契約の予約契約を締結し，定期借家契約の期間満了
時にその条件を満たした場合には，再契約の予約契約に従って賃貸人に賃借
人と再契約すべき義務が発生するものと考えられます。

　　もっとくわしく！》Part2 第 3 章③(3)「再契約の予約契約について」（135ページ）

一定の条件とは，具体的にどのようなものか

　たとえば，賃借人が以下の3つの条件を満たした場合に，賃貸人は再契約
をしなければならないという予約契約であれば有効と考えます。

　①　契約期間中の賃料支払いに関して滞納がないこと

② （歩合賃料の場合）毎月○○万円以上売り上げていること
③ 賃借人において契約違反がないこと 等

ディベロッパーが「再契約」の予約契約をしたくない本当の理由

　大型の商業施設における定期借家契約の大部分は，実際は再契約すること
を前提としています。たとえば，300店が入店している大型商業施設におい
て，300店のすべてのテナントの契約期間が満了し，契約終了により退店し
てしまうと，商業施設が成り立たないことになります。

　したがって，賃貸人としても，多くのテナントとは再契約が必要となりま
すので，そのために再契約の予約契約を利用しても特に不利益は生じないは
ずです。

　しかも，前記再契約の予約契約の条件（特に②）に鑑みれば，再契約の予
約条項の内容いかんによっては，再契約の予約契約を売上確保の手段として
用いることもできます。したがって，再契約の予約契約は，賃借人のみなら
ず，賃貸人にとっても有利な契約となるはずです。

　それにもかかわらず，実際には賃貸人（ディベロッパー）は再契約の予約
契約をほとんど認めません。それは，定期借家制度が，賃貸人に対して，
「賃借人を退店させるか」それとも「賃借人と再契約するか」という強い選
択権を与えたものであるのに，再契約の予約契約は，この賃貸人の強い選択
権を制限するものだからではないかと考えられます。

Q23 契約締結時の再契約の確約

　定期借家契約を締結していますが，契約の際，賃貸人から「契約期間が終わっても，すぐに出て行ってくれとは言いません。希望すれば再契約しますから」と言われています。

　このような場合でも期間が満了すれば，出て行かなければならないのでしょうか。

▶答えは70ページ

Q24 再契約の際の定期借家契約の締結

① 　再契約をする場合も，新たに定期借家契約書を作成する必要があるのでしょうか。

② 　賃貸人から，賃料の増額に応じなければ再契約はしないと言われました。これを拒否すれば再契約はしてもらえないのでしょうか。今後のために再契約時の賃料について，あらかじめ，取決めをしておくことはできないのでしょうか。

▶答えは72ページ

A23　契約の際の「再契約します」との発言は，定期借家契約の成立を妨げる可能性があります。また，その説明内容によっては，賃貸人には，「再契約」することを前提に，その条件を協議する義務が生じることもあり得ます。

普通借家契約と「再契約」の予約がある定期借家契約

　定期借家契約は，「契約の更新がなく」「期間の満了により当該建物の賃貸借が終了する」という一定の期間に限定した賃貸借契約です。そのため，あらかじめの書面の交付や説明を契約成立の要件としており（借地借家法38条2項），これらの手続が行われていない場合は，従来どおりの普通借家契約が締結されたものとされます（借地借家法38条3項）。

　裁判においては，契約書の記載のみを根拠に定期借家契約の成立が認定されることが多く，再契約については，賃貸人はその可能性を述べたに過ぎず確約したわけではないと評価される可能性も十分あると思いますが，定期借家契約の成立を否定する主張と立証方法の内容いかんによっては，結論が変わる可能性もあります。

賃貸人から「再契約します」との説明がなされた場合の法的効力

　賃貸人の「再契約します」という説明があったことの証明に成功すれば，定期借家契約の説明として適切でなく，「契約の更新がなく」「期間の満了により当該建物の賃貸借が終了する」ことについての説明がなかったものとして，定期借家契約は成立せず普通借家契約が締結されたに過ぎないと評価される可能性があります。その場合は，賃貸人に明渡しを求める正当な事由がない限り，賃借人が出て行く義務はありません。

また，当初，定期借家契約が成立したと解せざるを得ない場合でも，賃貸人の「再契約します」との説明により，同時に，再契約の予約の合意がなされたと評価される余地があり，そのように評価された場合は，賃貸人には，その予約の合意の内容に応じた再契約をする義務が生じると考えられます。

契約の継続に対して期待を抱かせる賃貸人の説明の不当性

　A22（66ページ）でも説明しましたが，たとえば，300店のテナントが入る商業施設で，全店が期間満了により退店することはあり得ません。

　賃貸人（ディベロッパー）としては，有力なテナントとは再契約をして，引き続き賃借してほしいというのが本心ですので，定期借家契約の締結に際して，「賃貸条件は多少変わるかもしれませんが，再契約させていただきます」という説明をしたり，再契約を保障されたと期待させるような言い方をすることがありますので，賃借人としては注意を要します。

　また，賃貸人としても，後日のトラブルを避けるためには，賃借人に再契約を期待させるような説明は避ける必要があるということになります。

A24　再契約をする場合は，新たに契約書を作成する必要があります。なお，「再契約」につき予約の合意がなければ，「再契約」してもらえるかどうか，また，その際の賃貸条件をどうするのかは，もっぱら賃貸人の判断に委ねられています。

Point
▼

「再契約」には新たな契約書の作成が必要です

「再契約をする」というのは，従前の定期借家契約の終了を確認した上で，同じ建物について新しい定期借家契約を締結することです。

同じ当事者で，同じ建物の賃貸借であり，外形的には契約の更新と変わりませんが，内容的には全く新しい契約です。したがって，保証金・賃料等の賃貸条件についても1つひとつ合意をし直す必要があり，新しい契約書を作成する必要があります。

そして，この再契約は，定期借家契約の締結ですので，借地借家法38条1項の契約書面が必要ですし，借地借家法38条2項の説明書面を「あらかじめ」交付し，説明書面に基づいて説明することも必要となります。

なお，再契約が繰り返された場合，説明文書の作成と交付は相変わらず必要ですが，面談して説明することまでは必要がない（郵送で足りる）とした裁判例も存在します（Part2第5章「平成の裁判例」⑩（168ページ），⑫（172ページ））。ただし，賃貸人としては，何度目の再契約であっても，面談をし説明文書を示しながら説明したほうがよいでしょう。

再契約時の条件交渉は賃貸人に主導権があります。ただし，「あなたの店舗が必要です」と評価される強いテナントになれば，有利な交渉も可能です

定期借家契約は，3年間や5年間という一定の期間に限定した賃貸借です

ので，「期間中は賃料を改定しない」といった賃料改定特約条項が定められている場合が多くあります（借地借家法38条7項参照）。

また，都心の大型商業ビルの場合は，固定賃料のほか売上歩合賃料を定めている場合が多く，賃貸期間中に賃料の増減が問題になることはあまりありません。したがって，賃貸人にとっては，再契約の際の見直しが賃料増額の大きなチャンスとなります。

また，「あなたとは再契約しない」などと言うと，賃借人の感情を害してトラブルになる可能性が高まりますので，再契約をするか否かを協議する際に高額の賃料増額を提示するという手段が用いられることがあります。したがって，賃借人としては，賃貸人の真意を十分汲み取って交渉する必要があります。

「賃貸人の言いなりにはならない」という賃借人の気持ちはわかりますが，再契約をするか否かの決定権は賃貸人にあり，賃借人は弱い立場にありますので，決して交渉は容易ではありません。

Part1

第7章 テナントの不安

Q25 賃貸人（ディベロッパー）による嫌がらせ

　普通借家契約から期間5年の定期借家契約への切替えに応じて3年が経過した頃，大阪駅の改造工事があり，当社が借りている店舗が直接大阪駅のコンコースに接続することとなり，一気に立地条件が良くなり，人の往来が絶えず，来客者数も大幅に伸び，他のテナントから大変うらやましがられています。

　ところが，最近になって，賃貸人（ディベロッパー）から，今までにないクレームが寄せれるようになり困っています。たとえば，店員の応接態度が悪いとか，商品の陳列の仕方が良くないとか，店舗床にゴミが落ちていた，といった細かい指摘を受けています。また，催事の費用負担も増えています。

　もしかしたら，2年後に契約期間が満了した後，再契約をしてもらえないのではないかと，毎日が心配の連続です。最近では，将来の不安から賃貸人の言うことをすべて聞き入れていますが，この店舗は大変人気があるので，仮に再契約できる場合でも，高い賃料等の条件が提示されるのではないかと恐れています。何か，安心できる道はないのでしょうか。

▶答えは75ページ

Part1
定期借家契約 Q & A

A25　定期借家契約は，期間が満了すれば当然に終了する契約です。再契約をしてもらうためには，契約を守り，収益を上げるなど，優良なテナントになり，賃貸人のほうから契約を続けたいと評価される必要があります。

定期借家制度は賃貸人に支配権を与える制度です

　本来，契約当事者は対等であり平等であるとの前提に立っています。しかし，不動産賃貸借契約においては，持てる者（賃貸人）と持たざる者（賃借人）という経済的優劣関係を是正し，持てる者（賃貸人）の恣意を防ぐために借地借家法が定められ，強行規定として，解約あるいは更新時の正当事由制度など賃借人を保護する規定が設けられました。

　これらの規定は，普通借家契約に適用されていますが，この賃借人保護の制度は，時には賃借人の横暴を招来したこともあり，特に大型商業施設を経営する賃貸人（ディベロッパー）にとって，正当事由制度は目の上のたんこぶでありました。

　そこで，正当事由制度を廃止し，賃貸人に借家契約における支配権を与えたのが定期借家制度なのです。

定期借家契約では，賃貸人に再契約をするか否かの選択権が与えられています。

　正当事由制度が排除された定期借家制度は，「期間満了による契約の終了」という強固な武器を賃貸人（ディベロッパー）に与え，再契約をするか否かの選択権を与えました。

　早くから定期借家制度を採用した大型商業施設において，賃貸人が定期借

家制度を巧く利用することは予想されていたことであり，実際，賃借人を取捨選択するための手段として利用されている面があります。

賃貸人側から気に入られる他に再契約を確保する方法はありません

Q25の賃借人の立地条件が飛躍的に良くなったことにより，賃借部分の価値が飛躍的に増加したことは間違いありません。

他方で，定期借家契約では賃料増額の規定が少なく，賃料改定特約条項があっても著しい増額はできないと思われます。したがって，期間満了による契約の終了が，賃貸人（ディベロッパー）にとっては賃料増額の絶好の機会で，そのために賃貸人はQ25のようなクレームを言ってきたのかもしれません。

この商業施設にとって必要不可欠な賃借人であるという評価を固めることと，ある程度の値上げがあっても対応できる売上を確保するなどして，再契約を勝ち取れるよう交渉するほかありません。

第8章 Advanced（応用問題）

Q26 事例1 事業用建物の場合

当社は，平成10年頃から大阪市内の商業ビル3か所で3つの店舗を賃借して「婦人用雑貨店」を経営しています。

① 新規契約について（名古屋）

営業成績も順調に伸びてきましたので，名古屋への進出を計画していましたところ，駅前の商業ビルに空き店舗が見つかりました。

立地条件も良く，借りたいという人も多いことから，1日も早く決めたいと思い，商業ビルの店舗を管理している会社を訪問して，契約条件についてお話を聞きましたところ，「この商業ビルの店舗は，すべて，賃貸借契約の期間を3年間とする定期借家契約としています」と言われました。

この商業ビルの所有者は大企業で信頼できますし，150店ほどが軒を並べていて，店舗の配置，大きさ，品揃え等も申し分なく，駅前ということもありお客さんも多く，ぜひとも出店したいと考えています。大阪の3店舗は普通の賃貸借契約ですが，定期借家契約は初めてであり，大変不安です。定期借家契約というのは，どのような契約で，どういう点に注意すればよいのでしょうか。

▶答えは80ページ

② 契約切替えについて（大阪）

　他方，大阪のビルのオーナーが替わったのですが，新オーナーから「今までの賃貸借契約を契約期間5年とする定期借家契約に切り替えてほしい」という要請を受けました。

　今の契約は普通の賃貸借契約で2年ごとに更新されてきました。契約期間が2年から5年になるのは歓迎ですが，定期借家契約に切り替えるとどうなるのでしょうか。契約する場合，どういう点に注意すればよいのでしょうか。また，この新オーナーの要請を断った場合，何か不都合があるのでしょうか。

▶答えは80ページ

③ 予期しない契約終了について（名古屋）

　結局，当社は，名古屋への進出を決めて契約を締結しました。

　契約条件は，①契約期間は3年，②賃料は共益費込みで坪当たり月額2万円，③売上歩合賃料は月ごとの売上1,000万円超過部分の3％，④保証金は10か月分等となっています。なお，出店当時の店舗内装工事として，約1,000万円かかっています。

　ところが，契約をして2年半が経過した頃，貸主から「契約終了通知」という標題で「契約期間が満了するので賃貸借契約は終了します。期間満了の日までに退去してください」などと記載された書類が届きました。当然に更新されるものと思っていましたので驚いています。まさか最初の3年で追い出されることなどあるのでしょうか。

▶答えは81ページ

④ 再契約について（大阪）

　結局，大阪の賃貸借契約については，定期借家契約への切替えに応じました。契約後3年が経過した頃，大阪駅の改造工事があり，当社が借りている店舗が直接大阪駅のコンコースに接続することとなり，一気に立地条件が良くなり，人の往来が絶えず，来客者も大幅に伸び，他のテナントから大変うらやましがられています。

ところが最近になりまして，貸主（ディベロッパー）のほうから，店員の応接態度が悪いとか，商品の陳列の仕方が良くないとか，店舗床にゴミが落ちていたといった今までにない注文が付くようになり困っています。金銭的にも，催事の費用負担が増えたりしています。

　定期借家契約では，期間満了の1年前から6か月前の間に契約終了の通知が必要と言われていますが，もしかしたら契約終了通知が来るのではないか，再契約をしてもらえないのではないかと，毎日が心配の連続です。

　最近では，将来の不安から貸主（ディベロッパー）の言うことをすべて聞き入れていますが，この店舗は大変人気がありますので，仮に，再契約できる場合でも，大変高い賃料等の条件が出されるのではないかと恐れていますが，何か不安を解消する方法はないものでしょうか。

▶答えは82ページ

A26

① 新規契約について

定期借家契約は，更新がなく，契約期間が満了すれば必ず契約が終了し，賃貸人が明渡しを求めれば，直ちに建物を明け渡さなければならない契約です。このことを誤解せず，それでも定期借家契約とする価値があると判断したときのみに契約をしなければなりません（「Q5　定期借家契約のメリット・デメリット」）。

定期借家契約を選択しない場合は，法定更新制度や正当事由制度があるので，契約を続けたければ「更新」すればよく「再契約」をする必要がありません。なお，建物の所有者が替わっても，賃貸借契約関係は法律上当然に移転しますので「再契約」をする必要がありません。

確かに，実際は，再契約をし続けることのできる賃借人が少なくないとは思いますが，賃貸人が「再契約しない」と言えば，それだけで（賃借人に説明する必要さえなく）再契約の可否が決まってしまいますので，安易に，再契約してくれるだろうと考えるのは厳禁です。

契約の際，「よほどのことがない限り再契約しますから」などと口頭で説明されたとしても，後日，裁判になったときには，この口頭による説明は証明できず，逆に，「更新がなく，契約期間が満了すれば必ず契約が終了し，賃貸人が明渡しを求めれば，直ちに建物を明け渡さなければならない」ことの説明を受け理解しました等と記載する書面（「Q7　説明書の交付」，「Q10　説明書面を受領した際の確認書」，「Q23　契約締結時の再契約の確約」）に署名捺印したことが正しく説明を受けたことの証拠となって敗訴することはよくあることですので，口頭の説明に惑わされないことが必要です（「Q8　再契約を匂わす説明の効力」）。

② 契約切替えについて

普通借家契約のままですと，正当事由制度（賃貸人自身が使用する必要性がある等正当な事由のない限り契約更新を拒絶できないとする制度）によって契約終了が制限され，建替え等工事ができない等の支障が生じますので，ビルのオーナーとしては，確実に契約を終了させて明け渡してもらうことのできる定期借家契約に切り替えたいと思うものです。

そこで，敷金を一部返還するとか，賃料を下げるとか，その点だけを見れば賃借人にとって魅力的な条件を提示して，契約の切替えを勧めてくることが多いと思います。

　しかしながら，定期借家契約は，更新がなく，契約期間が満了すれば必ず契約が終了し，賃貸人が明渡しを求めれば，直ちに建物を明け渡さなければならない契約ですので，このことを踏まえても，契約を切り替えてよいと考えるのでなければ，応じることは避けるべきです（「Q12　好条件を示された定期借家契約への切替え」）。

　なお，そもそも契約をする・しないは自由ですので（契約自由の原則），切替えすなわち「普通借家契約の合意解約＆定期借家契約の締結」をする・しないも自由です。オーナーの要請を断っても，法律上は何らの不利益も受けることはありません（「Q11　普通借家契約の更新の際の定期借家契約への切替え」）。

③　予期しない契約終了について

　定期借家契約を締結した際，定期借家契約は，更新がなく，契約期間が満了すれば必ず契約が終了し，賃貸人が明渡しを求めれば，直ちに建物を明け渡さなければならない契約であることの説明を受けているはずです（「Q6　契約締結上の注意（書面の交付・説明義務）」）。

　重要な説明ですので，このことを明記した説明書面を，契約締結の前に（「Q9　説明の時期と契約の効力との関係」）契約書とは別に交付され，これを示しながらの説明も受けているはずです（「Q7　説明書の交付」）。

　そうであれば，契約期間の満了前に終了通知が届いていれば満了時に，契約期間満了後に終了通知が届けば届いた6か月後に，契約が終了します。賃貸人が再契約に応じてくれない限り，例外はありません（「Q19　期間満了後の使用」，「Q20　期間満了の6か月前までに終了通知が来なかった場合」）。

　しかしながら，契約締結時に，説明書面を交付されていないとか説明を受けていない等，必要な手続がなされていないということであれば，それは，そもそも定期借家契約が成立したとはいえないということになりますので，定期借家契約の成立を争うことによって，契約の終了を争

うことができます（ただし，必要な手続がなされていなかったことは賃借人側で証明する必要があります。「Q19　期間満了後の使用」，「Q13　普通借家契約の更新に便乗した定期借家契約への切替え」）。

　また，賃貸人が，賃借人が1,000万円もの工事費を使うことを知りつつ，「必ず再契約をします」等と言ったことを証明できれば，これが再契約の予約契約に該当し，賃借人が予約権を行使して再契約を求めることによって，再契約が成立する可能性はあります（「Q14　高額の内装工事費と再契約への期待」）。

④　再契約について

　前述のとおり，定期借家契約は更新がなく，契約期間が満了すれば必ず契約が終了し，賃貸人が明渡しを求めれば直ちに建物を明け渡さなければならない契約ですので，契約締結時に必要な手続がとられている限り，賃貸人が「再契約しない」と言えば，それで契約が終了します（「Q21　再契約の可能性と方法」，「Q24　再契約の際の定期借家契約の締結」）。

　よって，定期借家契約締結時に，またはその後の交渉で，再契約の予約の合意を取り付けない限り，再契約をしてもらうために賃借人が安心できる方法はありません（「Q22　商業ビルに対する貢献と再契約」，「Q25　賃貸人（ディベロッパー）による嫌がらせ」）。

Q27 　事例2　居住用賃貸物件の場合

① 気に入った物件が定期借家契約であった場合

　最近引っ越すことになり，新居を探しています。先日良い賃貸物件を見つけましたが，不動産屋さんから「普通借家契約ではなく，定期借家契約になります」と言われました。

　その物件をとても気に入りましたので，ぜひ入居したいと考えているのですが，定期借家契約ということなので，注意しておくことはありますか。

▶答えは85ページ

② 普通借家契約からの切替えの場合

　現在，普通借家契約にてアパートに居住しています。そろそろ契約更新の時期なのですが，先日，大家さんから「定期借家契約に切り替えますので，書類に署名押印してください。アパート全体の話ですので，安心してください」と言われました。

　このような定期借家契約への切替えは許されるのでしょうか。また，このような契約の切替えに応じても大丈夫なのでしょうか。

▶答えは85ページ

③ 中途解約したい場合

　現在，定期借家契約にてアパートに居住しており，まだ契約期間は残っているのですが，先日，勤務先から突然遠方への転勤を命じられました。

　契約書では，転勤の場合に定期借家契約を中途解約できる条項は見当たらないのですが，中途解約ができないのでしょうか。

　また，中途解約の場合には違約金を支払わなければならない条項があるのですが，この場合違約金を支払う義務はあるのでしょうか。

▶答えは85ページ

④　再契約を期待してしまう場合

　現在，家族ともども定期借家契約にてマンションに居住しています。これまでに既に5回再契約をしており，15年近くここに住んでいますが，家族全員このマンションを気に入っています。

　現在の定期借家契約の終期が近づいているのですが，これまで5回も再契約してもらっているので，次も契約してもらえると考えてよいでしょうか。

▶答えは86ページ

⑤　終了通知が来ない場合

　家族ともども定期借家契約にてマンションに居住しているのですが，契約期間満了の半年前になっても，大家さんから契約終了通知が届きません。かといって再契約のお知らせもありません。

　契約書どおりに期間満了時に契約が終了するのであれば，引越しのことを考えなければなりませんし，子どもの学区のことも心配です。このまま住み続けられると思っていても大丈夫でしょうか。

▶答えは86ページ

A27

① 気に入った物件が定期借家であった場合

居住用賃貸物件と事業用賃貸物件とに違いはなく，A26の「① 新規契約について」と全く同様ですので，定期借家契約によることのメリット・デメリットを慎重に考えた上で決断しなくてはなりません。

② 普通借家契約からの切替えの場合

次の1点を除いては，A26の「② 契約切替えについて」と全く同様です。

1点違うのは，居住用賃貸物件に関しては，「良質な賃貸住宅等の供給の促進に関する特別措置法」という法律の附則3条にて，定期借家制度が導入される以前に締結されていた居住用賃貸物件の普通借家契約については，当該賃貸借契約を合意により終了させて定期借家契約に切り替えられたとしても，当分の間，定期借家契約に関する規定は適用しない旨が定められているということです。

したがって，質問のような定期借家契約への切替えは許されませんし，また，このような契約への切替えには応じるべきではありません。

③ 中途解約したい場合

居住用賃貸住宅には，事業用賃貸住宅と異なる特有な点が2点あります。

（ア）借地借家法38条5項が定める場合

1点目は，借地借家法38条5項が，床面積が200㎡未満の居住用賃貸住宅に限っては「転勤，療養，親族の介護その他のやむを得ない事情」による場合は解約でき，この場合は，解約の申入れ後1か月の経過で定期建物賃貸借契約は終了すると定めていることです。

これは，比較的小規模な居住用賃貸住宅に関しては，賃借人側に住宅の使用継続ができないことにやむを得ない事情が発生した場合にまで賃借人に「賃借する義務」を履行させ続けるのが酷であり，このような場合には速やかに解約を認めるべきであるという考えから設けられた規定です。

この規定は強行規定ですので，これに反する賃借人側に不利な契約，たとえば借地借家法38条5項の適用自体を除外する旨の契約，

同項所定の場合をより限定したり,1か月を超える期間の経過を必要と
する旨の契約,1か月の賃料を超える違約金の定めは,いずれも同条6
項に反して無効となります。なお，東京地裁平成20年9月25日判決
はこの旨明確に判断しています。

（イ）消費者契約法が適用される場合

　　　2点目は，中途解約時の違約金の定めについて，消費者契約法が
適用される可能性があることです。

　　　消費者契約法は，事業者と消費者の間の契約全般に適用される法
律であり，同法9条1号は，通常生じると考えられる「平均的な損
害」を超える違約金の定めは無効になることを定めています。

　　　消費者が非事業用のために定期借家契約を締結した場合（一般の
個人の方が居住用賃貸住宅を賃借した場合は多くがこれに該当する
でしょう）には，消費者契約法9条1号によって，過大な違約金の
定めは無効であると主張できる場合があると考えられます。

　したがって，質問のような転勤の場合には，契約書の条項にかかわら
ず中途解約することができますし，また，質問のような違約金を支払わ
なければならない条項については，その効力が全部または一部効力を否
定されることがあり得ます。

④　再契約を期待してしまう場合

　居住用賃貸物件と事業用賃貸物件とに違いはなく，A26の「④　再契約
について」と全く同様ですので，質問のような場合であっても，次も契
約してもらえると考えるのは危険ということになります。

⑤　終了通知が来ない場合

　居住用賃貸物件と事業用賃貸物件とに違いはなく，期間満了後であっ
ても，賃貸人から終了通知が届いたら，そこから6か月で退去しなけれ
ばなりませんので，このまま住み続けられると思っているのは危険とい
うことになります。

Q28 事例3 空き家や老朽化した建物への活用方法

空き家対策や老朽アパートの建替問題について，次のような場合
はどのように対処すればよいでしょうか。

① 両親が有料老人ホームに入居したので，実家を賃貸に出そうと
思うのですが，いったん他人に貸すとずっと返してもらえないの
ではないかと心配です。どうしたらよいでしょうか。

▶答えは88ページ

② 両親の死後，空き家となった実家を処分しなければならないの
ですが，売却先がなかなか決まりません。決まるまでの間に民泊
に出したいと思ったのですが，民泊を扱う業者が信用できるかど
うかが心配です。何か良い方法はないでしょうか。

▶答えは88ページ

③ 相続したアパートが築50年以上経過し，空き室が増え，高齢の
夫婦一組が賃借するのみとなりました。古くて建替えが必要だと
思うのですが，次の契約更新を断ることはできないのでしょうか。

▶答えは88ページ

A28

①について

　定期借家契約で借りてくれる人を探すよう不動産業者に依頼してみることが考えられます。割り切って比較的廉価な賃料とした上で，その代わりに契約期間を短くして募集するのがよいかもしれません。

②について

　賃貸人から見た定期借家契約のメリットは，一定の期間（契約期間）が経てば必ず明け渡してもらえるという点です。明け渡してもらうための理由は不要です（理由を言う必要もありません）。

　したがって，たとえば最初は，民泊業者との間で，１年の契約で定期借家契約を締結して様子を見て，特に問題がなければ，同じ内容で再契約をすればよいと思います。

　もし問題が発生したり，または，問題がなくても業者が気に入らなければ，「期間が満了した」ことを理由に契約を終了すればよいわけです。定期借家契約はこのような使い方もできます。

③について

　普通借家契約の場合，建物が古くなったという理由で，あるいは空き室が増えたという理由で，契約更新を拒絶することはできません。

　従前は，このような場合，賃借人が応じない限り，相応の立退料の支払いを提案しても，更新拒絶が認められることはありませんでした。

　しかしながら，大震災や台風被害を経た今日においては，耐震性の不足する建物については，その建物の築年数や現況に照らし，耐震改修工事費を投じることに経済的合理性があるかどうかという基準が重視されるようになり，経済的合理性がない（建て替えたほうが安い等）と判断されれば，更新拒絶が認められる余地がでてきました。

　したがって，賃借人との交渉の前提として，耐震改修工事の当否を調査・検討し，その結果を説明して退去を説得するという方法もあると思います。

Part2

定期借家契約を
さらに知ろう

定期借家契約を成立させるために必要とされる「契約の書面化」「説明書面の交付義務」及び「説明義務」の履行とはどのような内容でしょうか。

また，定期借家契約の成立後，契約期間中や契約期間満了時にはどのような注意すべき点があるのでしょうか。

さらに，契約成立時，契約期間中及び契約期間満了時において賃貸人が注意すべきことも確認します。

Part2

第**1**章　契約締結時

1　絶対に必要とされる契約の書面化，説明書面の交付義務，説明義務

　定期借家契約について定めた借地借家法38条2項によると，賃貸人は賃借人に対し，あらかじめ，「契約の更新がなく，期間の満了により当該建物の賃貸借は終了すること」について，「その旨を記載した書面を交付して説明しなければならない」とされています。

　また，同条3項では，「契約の更新がないこととする旨の定めは無効とする」と規定されていますので，このような書面を交付しての事前説明をしなかった場合は，定期借家契約は成立せず，普通借家契約になります。

　定期借家契約には，法定更新制度及び正当事由制度がなく，期間の満了によって必ず賃貸借関係が終了してしまうことから，定期借家契約の内容を十分理解しないまま契約を締結してしまうと，賃借人が不測の損害を被るおそれがあります。

　そこで，定期借家契約を締結しようとする場合，賃貸人には必ず「公正証書による等書面によって契約をする」こと（38条1項），契約書とは別の書面（以下，「説明書面」といいます）を「交付して説明」する義務が課されたのです。

Part2
定期借家契約をさらに知ろう

(1) なぜ「交付義務」「説明義務」が求められるのか

普通借家契約における法定更新制度及び正当事由制度は，賃貸借契約制度の歴史の中で，賃借人を保護する制度として定着し，長く，賃貸人と賃借人との間の契約関係を調整してきた法理です（くわしくは，Part 4「定期借家制度の立法経緯を押さえよう」をお読みください）。

定期借家契約は，この法定更新制度や正当事由制度を排除して，更新のない賃貸借契約として創設されましたが，これは従来の賃貸借契約に馴染んできた人々にとっては，大変大きなリスクを伴う契約です。なぜなら，更新がなければ営業基盤となり生活基盤となっている賃貸物件を退去しなければならないからです。

そこで，このような重大なリスクの内容を賃借人が理解し，納得して契約してもらうために，定期借家契約をしようとするときは必ず書面で契約しなければならず，加えて，説明書面の交付と説明を義務づけるという厳格な規定が設けられました。

いわば，説明書面の交付義務と説明義務は，普通借家契約にある法定更新制度及び正当事由制度を定期借家契約が排除した代償として規定されたものといえます。

(2) 賃借人は弱い立場

不動産の賃貸借契約は，持てる者が不動産を提供して賃料収入を上げ，持てない者が不動産を借りて賃料を支払い，営業の本拠や生活の本拠に使用するというものです。歴史的にみても，その契約当事者には，経済的格差がありました。このことは，たとえば，賃貸人を「地主さん」「家主さん」，賃借人を「小作人」「店子」などと呼んでいたことからもうかがわれます。

ただ，契約の締結という場面になると，法律の世界では，近代市民法原理である私的自治の原則・契約自由の原則が支配し，契約当事者は対等な関係

にあるという仮定の下にあります。

　ただし，そうはいっても，不動産の賃貸借関係は，取引類型的にみても，賃借人は社会的・経済的弱者であることが多く，賃借人を保護するための制度的理論，すなわち賃借権の対抗要件の制度や法定更新制度及び正当事由制度などの理論が構築され，賃借人が保護されてきました。

　建物保護法，借地法，借家法，農地法等の特別法の制定は，近代市民法原理である私的自治の原則・契約自由の原則を修正する法制度であるといえます。くわしくは，本章④(1)「説明義務は法体系の中でどのように位置づけられるのでしょうか？」（104ページ）をお読みください。

(3)　借地借家法38条2項（「交付して説明」）に関する裁判例

　ここまで述べてきたように，定期借家契約では，法定更新制度及び正当事由制度に代わる説明書面交付義務及び説明義務をもって，賃借人のリスクを回避させています。したがって，定期借家契約における「契約の書面化」「説明書面の交付」「説明義務」については，定期借家契約成立の要件として，賃借人保護の観点から厳格に解釈されなければなりません。

　かかる厳格解釈の要請は，借地借家法38条1項及び2項がこれらの要件を定めた立法趣旨からも導かれることなのです。

　ここで，最高裁平成24年9月13日判決（民集66巻9号3263頁，第5章「平成の裁判例」⑤（155ページ））は，契約書と別個独立の説明書面が交付されていない事案において，下記のとおり判示しています。

> 　法38条1項の規定に加えて同条2項の規定が置かれた趣旨は，定期建物賃貸借に係る契約の締結に先立って，賃借人になろうとする者に対し，定期建物賃貸借契約は契約の更新がなく期間の満了により終了することを理解させ，当該契約を締結するか否かの意思決定のために十分な情報を提供することのみならず，説明においても更に書面の交付を要求することで契約の更新の有無に関する紛争の発生を未然に防止することにあるものと解される。

以上のような法38条の規定の構造及び趣旨に照らすと，同条2項は，定期建物賃貸借に係る契約の締結に先立って，賃貸人において，契約書とは別個に定期建物賃貸借契約は契約の更新がなく期間の満了により終了することについて記載した書面を交付した上，その旨を説明すべきものとしたことが明らかである。そして，紛争の発生を未然に防止しようとする同項の趣旨を考慮すると，上記書面の交付を要するか否かについては，当該契約の締結に至る経緯，当該契約の内容についての賃借人の認識の有無及び程度等といった個別具体的事情を考慮することなく，形式的，画一的に取り扱うのが相当である。

　したがって，法38条2項所定の書面は，賃借人が，当該契約に係る賃貸借は契約の更新がなく，期間の満了により終了すると認識しているか否かにかかわらず，契約書とは別個独立の書面であることを要するというべきである。

　すなわち，上記最高裁判決は，借地借家法38条が，賃借人保護及び紛争予防の観点から，同条1項において定期借家契約は書面によることを義務づけていることに加えて，同条2項において賃貸人は「あらかじめ」賃借人になろうとする者に対し，当該賃貸借は契約の更新がなく，期間の満了により終了する旨を記載した書面を交付して説明しなければならないと規定しており，このような借地借家法38条の規定の構造及び趣旨に照らし，形式的，画一的，一律に契約書とは別個独立の書面を交付した上での説明が要求されることを明らかにしたものです。

　では，一切の例外が認められないのでしょうか？

　この点，上記最高裁判決は，一般法理である信義則の適用自体を排除するものではありません。

　そのため，たとえば賃借人側から説明書面の交付を不要としておきながら，交付がされなかったことを奇貨として賃貸借の終了を争うなど賃借人に著しい背信性がある場合に，賃借人が説明書面の欠缺を理由として定期借家契約の無効を争うことが，信義則に反すると評価されて，例外が認められる余地も考えられます。

しかしながら，上記最高裁判決が，紛争予防という観点を重視して，形式的，画一的な取扱を求めていることからすれば，信義則違反の主張を認めうる事案は，相当限定的となるように思われます（法曹時報67巻8号233頁）。

定期借家契約は，必ず契約書とは別個独立の説明書面を交付して説明しなければならないといえるでしょう。

(4) 他の法令と比較すると……

上記のとおり，定期借家契約を締結する場合，賃貸人は，賃借人に対し，①あらかじめ，契約が更新されず期間満了により賃貸借が終了する旨を記載した書面（説明書面）を交付し，かつ，②説明し，③公正証書等の書面で契約すること，が定期借家契約成立の要件とされています。

これまでにあった様々な取引における契約の書面化，説明義務と比較しても，定期借家契約にはより厳格な要件が課されています（様々な取引についての説明義務の話は，本章④(2)「各種法令が定める『書面の交付』と『説明義務』」（107ページ）参照）。

2 説明義務の内容（範囲，方法，程度）は？

(1) 説明書面の記載事項

賃貸人が定期借家契約の事前説明にあたって交付すべき書面（説明書面）の記載内容としては，当該契約が定期借家契約であること，すなわち，

① 契約の更新がないこと

② 期間満了により賃貸借が終了すること

が必要的記載事項ですが，賃貸借契約を特定するために必要な，

③ 当事者

④　賃貸借の目的物である建物

⑤　賃貸借契約期間

⑥　賃貸借の始期

も当然記載すべき事項です。

(2)　「説明」はどのようになされるべきか

借地借家法38条2項の「説明」とは、上記のような説明書面を交付した上で、さらに口頭の説明を要するというものです。「書面を交付して説明」という文言解釈や当該賃貸借が契約更新のない定期借家契約であることを賃借人に正確かつ十分に理解させるという趣旨からすれば、単に説明書面を交付しただけでは足りず、さらに口頭で説明することが必要となります。

「説明」という日本語の意味は、告知や通知（単に知らせること）ではなく、「事柄の内容や意味を、よく分かるようにときあかすこと」であり、「（記述が事実の確認に止まるのに対して）事物が『何故かくあるのか』の根拠を示すもの」であり（新村出編『広辞苑第五版』）、「ある事柄の内容を、理由や具体例をあげて、よく分かるようにのべること。わかりやすく教えること」（金田一春彦編『学研現代新国語辞典』）です。

この点からしても、単に、借地借家法38条2項の「契約の更新がなく、期間の満了により当該建物の賃貸借は終了すること」を言葉として発するだけでは「説明」とはいえませんし（「書面を読み上げただけでは説明したことにならない。賃借人に、定期建物賃貸借が何たるか、すなわち契約更新がなく、期間満了によって終了することがどのようなことかを分かりやすく伝えなければ、説明したことにはならないものである」（稲本・澤野『コンメンタール借地借家法（第3版）』294頁））、ましてや、同文言を紙に記載して、その紙を交付するだけでは、到底「説明」たり得ません。

「説明」というためには、賃貸人は、賃借人になろうとする者に対し、定期借家契約には契約の更新がなく期間の満了により終了することを現実に理

解させることが必要であり，そのためには，賃貸人は，賃借人の属性（知識，経験，理解力など）に応じて，当該賃借人が定期借家契約を十分理解できるように説明する義務があります。

(3) 「説明」は賃借人の属性に応じて

定期借家契約は，従来の普通借家契約とは異なり，更新がないことや，正当事由制度が適用されないため，賃借人は期間満了により確定的に契約が終了して建物を明け渡さなければならないという不利益（リスク）を伴います。

特に，大型商業ビル等の事業用建物の賃貸借の場合，賃借人は，高額の設備投資，高額の保証金（敷金）の負担，高額の賃料の負担，商品の仕入れ，新規従業員の雇用など相当の投下資本を必要とします。したがって賃借人は，一定の賃貸借の期間内に投下資本を回収して利益を上げられる事業ができるのか否かについての経営上の重要な判断を迫られることになります。

このような賃借人に対して賃貸人（ディベロッパー）は，賃借人（テナント）となる人の社会的，経済的な地位，業種と事業規模，定期借家契約についての知識，経験，リスクに対する理解力などを総合的に判断して，賃借人の属性に応じた説明義務を尽くすべきでしょう（これを「適合性の原則」といいます）。

(4) 斡旋，代理または媒介のときの説明義務は？

宅地建物取引業者（以下，「宅建業者」といいます）が借家契約の代理または媒介を行う場合は，賃貸人自身が立ち会わずに，賃貸人から委託を受けた宅建業者が定期借家契約であることの事前説明をすることが多いと思われます。

ただ，その場合，宅建業者は，一般的に普通借家契約でも行う，契約に関する重要事項説明書（宅建業法35条1項）とは別に，定期借家契約の説明書面も作成した上で，賃貸人の代理人として説明書面に基づく口頭の説明を行

う義務を負うと解すべきです。

　このように考えると，契約に関する重要事項説明と説明書面に基づく説明という実質的に同一内容の説明を行うことにもなりますが，それぞれの説明義務の目的が異なりますし，賃借人に定期借家契約について十分な情報を提供するという趣旨からして，これらを一本化すべきではありません。

　この点に関し，上記最高裁平成24年9月13日判決の判例解説には，同最高裁判決は，宅建業法35条1項の重要事項説明書をもって定期借家契約の説明書面といえるか否かについて判断を示しているものではないが，借地借家法38条2項が「建物の賃貸人は……説明しなければならない」と規定していることに照らすと，少なくとも賃貸人自身による説明書面と評価しうるものであることを要すると考えられる旨の指摘がなされています（法曹時報67巻8号234頁）。

　この判例からすると，宅建業者による重要事項説明の中に説明内容が記載されているだけでは不十分であって，重要事項説明とは別の説明書面を作成して説明する必要があることになります。

　なお，東京地裁平成25年1月23日判決（第5章「平成の裁判例」⑥（157ページ））は，この旨を判示しています。

　大型商業ビルにおける定期借家契約の締結は，賃借人の募集と勧誘を業とするリーシング業者（必ずしも宅建業者ではない）の幹旋で，あるいは宅建業者の代理または媒介で，定期借家契約を締結することになります。

　この場合，リーシング業者あるいは宅建業者が定期借家契約について，書面を交付し，説明をするのが実情です。

　借地借家法38条2項は，賃貸人が自ら説明することを要件としていますが，賃貸人の従業員あるいは代理人が説明することを不可とする理由はありませんので，これらの業者が，賃貸人の代理人として説明しても問題はないと思われます。

(5) 懇切ていねいな説明が必要

　大型商業ビルのテナントとして，チェーン店展開をしている専門店業者，今までに数回の定期借家契約を締結した経験を有するテナント，全く初めて定期借家契約に臨むテナントなど賃借人側の事情も千差万別ですが，借地借家法が要求する書面の「交付」義務と「説明」義務は，法定更新制度及び正当事由制度が排除された代償として位置づけなければならず，賃借人が知っているから説明しなくてよいなどといった軽い判断が許されるものではなく，懇切ていねいな説明が必要です。

　特に，初めて賃借する賃借人は，一般的に経済的に劣位にあり，知識や経験もありません。したがって，定期借家契約が普通借家契約と異なり，契約の更新がないこと，正当事由制度の適用がなく，期間の満了により確定的に賃貸借契約が終了して建物を明け渡さなければならないことについて，よりていねいな説明が必要であり，定期借家契約をきちんと理解してもらった上で，契約しなければなりません。

　また，公正証書によらない場合（公証人の認証を受けた場合も同じです）には，法律の専門家である公証人から説明を受ける機会がないわけですから，さらに懇切ていねいな説明を行う必要があるといえます。

　すなわち，借地借家法38条1項は，定期借家契約成立の要件として，「公正証書による等書面によって契約」すべきことを規定していますが，これは，口頭による契約を認めると，賃借人が定期借家契約の内容を十分に理解しないまま契約して不測の損害を被ることになりかねないため，賃借人が定期借家契約であることを十分に認識した上で合意に至ったことを明確にする必要があることから，書面による契約を義務づけたものであり，当事者の意思の確認が最も厳重かつ確実に行われるものとして公正証書を例示したものです（借地借家法制研究会編『一問一答新しい借地借家法（新訂版）』90頁）。

　このように，公正証書は例示であるとしても，借地借家法は，十分な理解

と意思確認のため「公正証書による等書面」が必要であるとしたのですから，最も厳重かつ確実な書面である公正証書以外の契約書面が用いられる場合は，公証人による意思確認がなされない分，同条2項による「説明」の程度は，よりわかりやすいものでなければならないものと解されます。

　ただし，公正証書で契約書面が作成されても，別途，説明書面の交付と説明が不要になるわけではありません（最高裁平成22年7月16日判決，第5章「平成の裁判例」③（150ページ）参照）。

　ところで，どれだけ懇切ていねいに説明を尽くさなければならないかは，たばこ事業法39条が，たばこの販売業者に対し「たばこの消費と健康との関係に関して注意を促すための財務省令で定める文言を，財務省令で定めるところにより，表示しなければならない」として義務づけたその方法が参考になると思います。

　具体的には，たばこ事業法施行規則36条3項は，販売業者は「別表第一及び別表第二に掲げる文言のそれぞれ一以上を……容器包装ごとに表示しなければならない」ものとし，その文言は，一字一句正確に別表記載のとおりに使用しなければならないものとしています（同条5項「別表第一及び別表第二に掲げる文言以外の文言を表示してはならない」）。たとえば，たばこの容器包装の表示は，

　喫煙は，あなたにとって肺がんの原因の一つとなります。疫学的な推計によると，喫煙者は肺がんにより死亡する危険性が非喫煙者に比べて約2倍から4倍高くなります。（詳細については，厚生労働省のホーム・ページwww.mhlw.go.jp/topics/tobacco/main.htmlをご参照ください。）（別表第一の一つめ）

　妊娠中の喫煙は，胎児の発育障害や早産の原因の一つとなります。疫学的な推計によると，たばこを吸う妊婦は，吸わない妊婦に比べ，低出生体重の危険性が約2倍，早産の危険性が約3倍高くなります。（詳細については…）

（別表第二の一つめ）

　未成年者の喫煙は，健康に対する悪影響やたばこへの依存をより強めます。周りの人から勧められても決して吸ってはいけません。（別表第二の四つめ）

というような，全くごまかしのない，ありのままの説明となるような内容が指定されています。

　しかも，その各文言は，消費者に見やすい状態で，すなわち「枠その他の方法により容器包装の主要な面の他の部分と明瞭に区分され，当該主要な面につき一を限り設けられた部分（その面積が当該主要な面の面積の十分の三以上であるものに限る。）の中に，一を限り，大きく，明瞭に，当該容器包装を開く前及び開いた後において読みやすいよう，印刷しまたはラベルを貼る方法により表示されなければならない（同条４項）」ものと定めて，その方法をも厳格に限定しています。

　上記のたばこの規制のように，定期借家契約の説明書面への記載内容は，法により一字一句指定されているわけではありませんが，たばこ消費者の健康という重大なリスクに関する説明義務について定めたたばこ事業法等と同様に，定期借家契約も，法定更新制度及び正当事由制度を排除して，借家人の営業基盤や生活基盤という重大な利害に関わる内容を有するものとなっているのですから，その契約締結の前に法が要求する「説明」は，上記のたばこ事業法施行規則と同様に，わかりやすく，ごまかしのないものでなければならないと思われます。

⑹　説明書面の交付時期

　説明書面の交付時期に関して，東京地裁平成24年３月23日判決（判例時報2152号52頁，第５章「平成の裁判例」④（152ページ））は，大手電鉄株式会社を賃貸人，同社が賃貸する建物に入店したテナントを賃借人とする定期借家契約をめぐる争いについて，借地借家法の条文の文言上，説明書面の交付

時期につき特に限定がないことを理由に，次のように判示しました。

> 契約と同一機会であっても，契約締結に時的に先立っていれば，『あらかじめ』に当たるというべきである

　しかしながら，説明書面の交付が求められている趣旨は，定期借家契約は契約の更新がなく，期間の満了により確定的に終了することを賃借人に理解させ，当該契約を締結するか否かの意思決定をするための十分な情報を提供することのみならず，契約の更新の有無に関する紛争の発生を未然に防止する点にあります。

　そのため，これまで何度も定期借家契約の締結を繰り返してきた当事者同士での定期借家契約である場合等を除き，契約と同一機会に説明書面を交付することは避けて，賃借人が定期借家契約の意味やリスクを十分理解するに足りるよう時間的余裕をもって事前に，できれば契約日よりも前の日に説明書面を交付するのが望ましいと思われます。

(7)　説明義務を果たしたかどうかの判断

　借地借家法38条2項で求められる説明義務が尽くされたかどうかは，定期借家契約に先立って必要な記載事項が書かれた説明書面が交付されているかどうか，その内容が賃貸人ないし代理人によって，各賃借人の属性に応じて，正確かつ十分に口頭説明がなされたかどうかを客観的に（いつ？　どこで？　誰が？　どのような書面をどのように「交付」し，これを示して（あるいは示さずに），どのような言葉を用いて「説明」したのか）判断して決定されることになります。

　この点，前述の大手電鉄株式会社の事例において問題となった説明書面には，「法38条2項の規定に基づく定期建物賃貸借（いわゆる定期借家）契約である事を，この書面を交付して説明する」とした上，次の内容の記載がな

されていました。

> （ア）　この建物賃貸借契約では，法26条，28条及び29条１項の規定による契約の更新はない。
> （イ）　このため，契約期間満了によって，この建物賃貸借契約は終了する。
> （ウ）　期間満了により，新たに原告と各被告との間で，この建物の賃貸借に関する再契約が締結されない限り，この建物を明け渡さなければならない。

　しかしながら，このような説明書面について，上記東京地裁平成24年３月23日判決（第５章「平成の裁判例」④（152ページ））は，説明書面には締結される建物賃貸借契約が法38条１項の規定による定期借家契約であることを記載していなければならないのに，上記のとおり，「法38条２項の規定に基づく定期建物賃貸借」と記載されており，「記載が欠け又は誤った記載がされている」と判示しました。また，「『法26条，28条及び29条１項の規定による契約の更新はない』として，更新に関する規定ではない同法29条が記載され，誤った又は意味が不明確な記載になっている」と判示しました。そして，「本件説明書の条項の読み上げにとどまり，条項の中身を説明するものではなく，仮に条項内の条文の内容を尋ねられたとしても，六法全書を読んで下さいといった対応をする程度の」説明しかしていないとして，借地借家法38条２項で求められる説明がされたと認めるに足りないと判示し，賃貸借契約は更新され，いまだ終了していないと結論づけました（なお，借地借家法26条は法定更新，同28条は正当事由制度に関する規定であるが，借地借家法29条１項は「期間を１年未満とする建物の賃貸借は，期間の定めがない建物の賃貸借とみなす」との規定であって，更新に関する規定ではありません）。

　すなわち，上記判決は，説明書面を交付して行うべき説明とは，定期借家契約という制度の少なくとも概要の説明と，その結果，当該賃貸借契約所定の契約期間の満了によって確定的に同契約が終了することについて，相手方

たる賃借人が理解してしかるべき程度の説明を行うことを要する，と判示したのです。

その上で，「説明書面を読み上げて，定期借家契約の制度については六法全書を読んでください」といった対応をする程度では，借地借家法38条２項で求められる説明がされたとは認めるに足りないと判断していますので，参考になります。

法定更新制度及び正当事由制度という賃借人を保護する制度を排除するための，いわば代償として規定されたものが説明義務ですから，単に説明書面を読み上げるだけでは不十分であり，賃貸人は，相手方たる賃借人に理解の度合いを確認し，質問があれば回答するなどして，懇切ていねいな説明を心がけることが大切です。

3 説明義務違反の法的効果は？

借地借家法38条２項の書面（説明書面）交付による事前説明義務を尽くさなかった場合，同条３項により定期借家契約としては無効となりますが，賃貸借契約全体が無効となるわけではありません。法定更新制度や正当事由制度が適用される普通借家契約が成立することになります。

なお，同条１項に反して，書面により定期借家契約を締結しなかった場合も，同じく普通借家契約が成立することになります。

したがって，当該賃貸借は，約定期間の経過後は，期間の定めのない賃貸借として法定更新がされたこととなり，賃貸人が賃借人に対して明渡しを求めるのであれば，正当事由を主張して賃貸借の解約の申入れをしなければなりません。

この場合，契約書に更新がない旨の記載があるなどして，賃借人において

更新がない旨の認識を有していたときは、書面交付による事前説明が尽くされていなかったとしても、そのことから直ちに正当事由が認められるものとはいえませんが、賃貸人の自己使用の必要性等の事情と相まって、正当事由を基礎づける一要素になるとは思われます（法曹時報67巻8号235頁）。

4 「説明義務」とはそもそも何なのか？

　ここまでは借地借家法38条2項の書面交付義務違反・説明義務違反について解説してきましたが、以下では、法がこれらの義務を定めた重大な意味を理解していただくために、「そもそも説明義務とは何なのか？」という一般論についての解説をしていきたいと思います。

(1)　説明義務は法体系の中でどのように位置づけられるのでしょうか？

近代民法の私的自治の原則・契約自由の原則は、憲法13条に由来する極めて重要なものです。

　個人が権利を取得したり、義務を負担したりする行為は、それぞれの自由な意思によってできるというのが原則です。これを、私的自治の原則・契約自由の原則といいます。

　この私的自治の原則・契約自由の原則は、憲法13条で保障された幸福追求権に由来すると考えられています。憲法で定める幸福追求権は、人それぞれが自由な存在として、誰からも指示や強制を受けることなく、自らの意思に従って、その生き方を追い求めることができるという権利であり、極めて重要な権利なのです。

　「これによると、各人にとって『自分の暮らしは自分で決める』ことができなければならない。私的自治とは、そうした『自分の生活空間を主体的に

形成する自由』としてとらえられる」（山本敬三『民法講義Ⅳ－1』（有斐閣，2005年）15頁）のです。

私的自治の原則・契約自由の原則は，当事者が互いに対等である場合にはじめて成り立つものですが，複雑化した現代社会においては，当事者の対等性というモデルが維持できなくなってきています。

　経済的・社会的にも，また，知識的・能力的にも対等の当事者であればこそ，自らの判断に従って行動した結果，発生する権利や義務に責任を負わなくてはならないという関係が成り立ちます。そこには，第三者が口を挟む余地はありません。

　しかしながら，複雑化した現代社会において，近代民法が想定していた当事者の対等性というモデルが妥当しない場面も見受けられるようになってきました。すなわち，「経済格差」「情報格差」「交渉力格差」が生じてきたのです。

経済的に優位に立っている者とそうでない者との間には，「経済格差」「交渉力格差」「情報格差」が存在し，自由な交渉によって法的な関係を築くことが困難となっています。

　「経済格差」というのは，いうまでもなく，富める者と貧しい者，経済的に優位に立っている者とそうでない者とを表しますが，これらの人たちの間には対等な関係はありません。

　「経済格差」は「交渉力格差」と表裏一体をなしています。たとえば，これは下請企業が元請企業に対して対等にものが言えないという場面を想像していただくと，容易に理解していただけると思います。

　「情報格差」は，取引社会において，十分な情報が取得できる者と情報が取得できない者との間に格差が存在することをいいます。

　たとえば，金融商品取引の場合，金融商品の開発者や専門の販売者と一般

ユーザーとの間には，専門的知識，情報に大きな差があります。

「交渉力格差」は，「経済格差」「情報格差」等によって，常に自己に有利な条件を提示して交渉できる者と，交渉の手段を有さない者との格差をいいますが，その差を埋める方策の1つが説明義務です。

社会的に劣位にある人がその権利関係について，自由に選択し決定できる環境を法律が作る必要があります。「説明義務」もその1つです。

「経済格差」「情報格差」「交渉力格差」が生じている社会経済状況の中で，私的自治の原則・契約自由の原則を守るためには，経済的弱者，知識や情報量に乏しい者など社会的劣位にある当事者に，一定の保護手段を用意しなければ，本当の意味での自己決定ができない場合があります。

「経済格差」「情報格差」「交渉力格差」が厳然と存在する中で，弱者が形式的に同意したからそれでよいと言い放ってしまうのは乱暴な議論であると言わなければなりません。

そこで，劣位にある当事者が自由に選択し決定することができるための社会的基盤を確保し，私的自治・契約の自由の原則を実のあるものとするために，法制度として，契約当事者間の問題に介入する必要が生じてきました。

その1つが，取引関係において優位に立つ者に対して課す説明義務です。

「経済格差」「情報格差」「交渉力格差」の存在する当事者間においては，劣位にある当事者の自己決定を実のあるものにするために，優位に立つ人は，契約の相手方に，その契約の危険性（リスク）を十分に理解させる必要があり，そのために，リスクの存在とリスクの内容につき，十分に情報提供をして，説明する義務が課されています。

ここまで述べてきたとおり借地借家法は，契約書面及び説明書面の交付義務と，説明書面を交付して説明する義務を課すことによって，契約当事者間の実質的公平を図り，私的自治の原則・契約自由の原則を実効性のあるもの

にしようとしています。

そしてこれら義務は，単に必要な情報を提供するという説明義務に止まらず，知識や情報が不足している者に理解してもらえるよう説明するべき義務です。さらには，不測の損害を被る危険性が類型的に高い取引については，不適切な契約の勧誘も禁止して，このような当事者を厚く保護しています（後記(3)110ページ）。

取引の一方当事者にこのような義務を課することが，その反面において，相手方の私的自治の原則・契約自由の原則を制約するという側面を有することは否めません。しかし，取引内容に関する知識と情報量の格差ひいては交渉力格差が厳然と存在する以上，取引によって利益を得る当事者に対し，劣位にある当事者への十分な説明義務を課することは，実質的な公平を図るものであり，これこそが，当事者間に適切な取引を促すことになります。

(2) 各種法令が定める「書面の交付」と「説明義務」

① 各種取引と説明義務の定めについて

説明義務に関する規定は，各種法令によって，取引の内容に応じた様々な内容でなされています。

その規定の内容は，取引の目的，守られなければならない保護法益の軽重，リスクの程度，リスク回避の必要性などによって，その形式，時期，内容，違反に対する制裁などを異にしますが，劣位にある当事者が取引上のリスクを理解して，納得の上で取引ができるようにするという目的に変わりはありません。

② 契約締結前に「書面の交付」が求められる取引について

契約の対象となっている経済的利益が大きく，判断を誤ると大きな被害が想定され，それゆえに，十分な説明が要請される取引の場合，その説明には，あらかじめ，取引のリスクを説明する書面の交付が求められています。契約締結前に，取引の内容を説明する書面の交付が求められる取引には，次のよ

うなものがあります。

i 不動産取引における「重要事項説明書」（宅建業法35条）

ii 定期借家契約における「契約の更新がなく，期間の満了により当該建物の賃貸借は終了することについて，その旨を記載した書面」（借地借家法38条2項）

iii 商品先物取引における「商品先物取引・委託のガイド」（商品先物取引法217条）

iv 金融商品取引における「概要書面」（金融商品取引法37条の3第1項）

v 連鎖販売取引・特定継続的役務提供・業務提供誘引販売取引における「概要書面」（特定商取引法37条1項，42条1項，55条1項）

　取引の内容を説明する書面は，契約締結前に「あらかじめ」交付されなければ意味がありません。借地借家法で「あらかじめ……書面を交付して説明しなければならない」とあるのは，十分に検討する時間を与える，という意味ですが，契約締結前を示す表現は，法律によってまちまちです。

　宅建業法35条1項では「契約が成立するまでの間に」と，金融商品の販売等に関する法律3条1項では「販売が行われるまでの間に」と，特定商取引に関する法律37条1項で定める連鎖販売取引等では「その契約を締結するまでに」と記載され，若干表現が異なりますが，「あらかじめ」という表現との間でさしたる差はありません。

　いずれも，あらかじめ書面を交付させることにより，商品ないしは取引の内容を明らかにし，契約を締結するか否かを検討する時間を十分に与えて，契約締結に関する意思決定を正しく行わせようとするものです。

　この点，国土交通省（当時は建設省）は，「定期借家に関するQ&A（PART2）」を平成12年3月に作成して公表し，その中で，「定期借家契約を結ぶ前に書面を交付して行う説明は，契約を結ぶ直前に行ってもかまいませんか」というQ1に対し，「法律では『あらかじめ』とされているだけですか

ら，賃借人になろうとする方に対して書面を交付して説明するのであれば，契約締結の直前であってもかまいません」と回答していますが，賃借人になろうとする者の属性に応じて，契約締結に関する意思決定を正しく行うに足りる必要な時間を確保する必要がある場合も考えられます。

　たとえば，説明を受けた後，契約締結の前に法律専門家への相談を希望する個人の場合などには，契約締結の直前の説明では不十分だと思われ，契約締結の数日前には説明を行うべきかもしれません。

③ 「書面の交付」だけでは足りず，別途「説明」を要する取引について

　「書面の交付」だけでは足りず，別途「説明」を要する取引もあります。

　たとえば，商品先物取引については，商品先物取引法217条１項が「……の書面を交付しなければならない」と定め，同法218条１項は「前条等１項各号に掲げる事項について説明をしなければならない」と定めており，あらかじめ書面を「交付」しただけでは足りず，これに加えて「説明」することが求められています。

　さらに，不動産取引においては，宅建業法35条１項は，「宅地建物取引士をして……交付して説明をさせなければならない」と定め，また定期借家契約においては，借地借家法38条２項は，「建物の賃貸人は……書面を交付して説明しなければならない」と定めており，いずれも，あらかじめ書面を「交付」しただけでは足りず，これに加えて，その書面を示しながら口頭で「説明」をすることが求められています。

　不動産取引は不動産それ自体が高価なものであり，評価を誤ると不測の損害を被るリスクがあります。定期借家契約は，営業権または居住権という営業基盤または生活基盤を構成するものを対象とする取引であり，一定期間経過後，正当事由制度の保護なく無条件で返還しなければならないというリスクを伴うものです。また，商品先物取引も，元本保証のない高いリスクを伴う取引です。

　これらのリスクに鑑みて，法は厳格な説明義務を定めているのです。

④ **契約締結前に申込書面の交付が求められる取引**

訪問販売，電話勧誘販売及び割賦販売等が営業所等以外の場所において行われる場合に，「申込み」と「契約書の作成」の２段階手続を取ることがあります。

すなわち，申込みを受けた際には契約書を作成せず，契約書を後日営業所等で作成することとされた場合には，勧誘を受けて契約の申込みをした際の説明とその後締結される契約書に記載された内容との間に食い違いが生じることを防止するために，申込書面の交付が要請されています（特定商取引に関する法律４条，18条）。これは，訪問販売など営業所等以外で行われる取引の安全を図ろうとするものです。

⑤ **契約成立後に書面の交付が求められる取引**

契約が成立した後に，取引の内容を正しく確認し，理解するために，書面の交付を求めている取引も多くあります。

金融商品取引及び商品先物取引に関する「取引報告書」（商品先物取引法220条，金融商品取引法37条の４），貸金業法18条所定の「受取証書」などです。

これらは，基本契約締結後に当然に予定されている個別取引の内容について正確に報告させるためのものであり，取引内容を確認し，取引の正確性を期するという目的で，作成と交付が要求されている書面なのです。

(3) 各種法令が定める「不当な勧誘の禁止」について

多くの法令において，適切な説明を確保するために，不当な勧誘を禁止する定めが設けられています。

商品の特性や取引の特性を説明する義務を定めるものではありませんが，適正な取引を確保するために，顧客に誤解を与え，正しい判断を妨げるような勧誘行為が禁止されています。

たとえば，「断定的判断」の提供の下にする勧誘（消費者契約法４条１項

２号，商品先物取引法214条１号，金融商品取引法38条２号，保険業法300条
１項７号，金融商品の販売等に関する法律４条等），「損失補填」の約束をし
てする勧誘（金融商品取引法39条等），「故意に事実を告知しない」でする勧
誘（宅建業法47条１号，消費者契約法４条２項，特定商取引に関する法律34
条１項，52条１項等），「不実のことを告げ」てする勧誘（宅建業法47条１号，
消費者契約法４条１項１号，特定商取引に関する法律34条１項２項，52条１
項，商品先物取引法214条２号，金融商品取引法38条１号等），誇大広告（宅
建業法32条），「威迫」し，あるいは「困惑」させ，これに乗じてする勧誘
（特定商取引に関する法律34条３項，52条２項），「不退去・監禁」によって
する勧誘（消費者契約法４条３項）等の不当な契約の勧誘を禁止し，これに
違反した場合は，その契約を取り消し得る，あるいは無効とする規制をして
いる取引が多くあります。

　これらは，直接，説明義務を定めるものではありませんが，不当な勧誘を
禁止し，適切な説明の下に行われる適正な取引を求めるものですから，間接
的には，説明義務を定めたものと評価できます。

5 　説明義務を定めた他の法令の文言との比較

⑴　「交付」，「説明」，「交付して説明」

　説明義務を尽くさせるために，契約書以外の書面（申込書面，概要書面，
契約締結前書面，重要事項説明書など）の作成と交付を義務づける法令は多
数存在しますが，借地借家法38条２項が，「交付しなければならない」（特定
商取引法37条１項等，金融商品取引法37条の４など）でもなく，「説明をし
なければならない」（金融商品販売法３条，商品先物取引法218条など）でも
なく，あえて「交付して説明しなければならない」（借地借家法38条２項，

宅地建物取引業法35条1項）と定めている以上，これは，少なくとも「交付」と「説明」の両方を要求する趣旨であり，「交付」で「説明」に代えることができるものと解すること（いわば「交付＝説明」説）はできません（東京地裁平成24年3月23日判決（判例時報2152号52頁），第5章「平成の裁判例」④（152ページ）参照）。

　契約内容について誤解が生じないように（紛争発生防止），訪問販売においては，契約の申込みを受けたときは「申込みの内容を記載した書面」（申込書面）を「直ちに」「交付しなければならない」とされ（特定商取引法4条），連鎖販売取引等においては，「概要について記載した書面」（概要書面）を「契約を締結するまでに」「交付しなければならない」とされ（特定商取引法37条・42条・55条），金融商品取引においては，特定の事項を記載した書面（契約締結前書面）を「あらかじめ」「交付しなければならない」とされています（金融商品取引法37条の3）が，ここには「説明」の文言はありません。

　これに対し，商品先物取引法は，上記同様の趣旨に基づき，特定の事項を記載した書面（商品先物取引・委託のガイド）を「あらかじめ」「交付しなければならない」とも定めますが（商品先物取引法217条1項），さらに，これに加え，同記載事項について「あらかじめ」「説明をしなければならない」と定めています（商品先物取引法218条1項）。

　これは，特に先物取引の適正を図るために，書面の「交付」を求めるのみならず，口頭による「説明」も求めて慎重を期する趣旨で，ここにおいては，「交付」と「説明」は区別され，双方の行為が要求されていることが明らかです。

　以上のとおり，法は，契約者保護の必要性の強度に応じて，書面の「交付」を，または，「交付」と「説明」の両方を要求します。

　さらに，最も保護の必要性が高い不動産取引については，「交付して説明」

することを要求しました。

　すなわち，宅建業法35条1項は，不動産の売買・交換・貸借を媒介するには，「契約が成立するまでの間に」，重要事項説明書を（宅地建物取引士をして）「『交付して説明』をさせなければならない」と定め，借地借家法38条2項は，定期借家契約をするときは，契約の前に「あらかじめ」，「契約の更新がなく，期間の満了により当該建物の賃貸借は終了することについて，その旨を記載した書面を『交付して説明』しなければならない」と定めました。

　よって，その保護法益（営業権，居住権など）の重要性と，その重要性に応じた文言の違いからしても，「交付して説明」とは，「交付」プラス「説明」（商品先物取引法217条，同法218条）ではなく，それ以上に「書面を示しながらの説明」（交付＆説明）を求めたものであると解されますので，書面を示しながら賃借人が理解してしかるべき程度の説明を行う必要があります（なお，「衆議院法制局・建設省住宅局監修・実務注釈定期借家法」38頁には，当然のことのように，改正法第38条2項は，「書面による契約に加えて，家主に書面を交付したうえでの説明義務を課したものである」と解説されています）。

(2)　宅建業法35条1項の「交付して説明」の解釈から

　また，以下の各理由により，宅建業法35条1項の「交付して説明」とは，「書面を示しながらの説明」であると解されますが，このことからも，同様の重要な保護法益を対象として，同じ文言を使用する借地借家法38条2項の「交付して説明」も，「書面を示しながらの説明」を求めたものといえます。

■「宅地建物取引業法の解釈・運用の考え方」（平成13年1月6日付国土交通省総合政策局不動産業課長発・各地方支分部局主管部長宛て通達）

　「宅地建物取引業法の解釈・運用の考え方」の「第35条第1項関係」には，

宅地建物取引業者は，重要事項の説明に先立ち，重要事項の説明を受けようとする者に対して，あらかじめ重要事項説明の構成や各項目の留意点について理解を深めるよう，重要事項の全体像について書面を交付して説明することが望ましい。

　　この場合，交付する書面は，別添2を参考とすることが望ましい。

と記載され，別添2の書面には，説明項目が箇条書きされ，その末尾に，

　　いずれも取引にあたっての判断に影響を与える重要な事項ですので，説明をよくお聞きいただき，十分御理解の上，意思決定をして下さるようお願いいたします。

と記載されています。

　これらの記載は，明らかに，書面を示しながらの説明をなすべきことを当然の前提としています。

■「宅地建物取引業者の違反行為に対する監督処分の基準」（平成18年12月19日付国土交通省総合政策局不動産業課長発・各地方支分部局主管部長宛て通達）

　「宅地建物取引業者の違反行為に対する監督処分の基準」の「法第65条第2項第2号（注；法35条1項等に違反したとき）に規定する違反行為に対する監督処分」には，

　　宅地建物取引業者が，法第65条第2項第2号に規定する違反行為をした場合には，同号の規定により，業務停止処分をすることとする。この場合において，業務停止期間については，別表に定める日数に，必要に応じ，(3)の規定による加重又は(4)若しくは(5)の規定による軽減をして定めることとする。

と記載されています。

　そして，別表には次のとおり（注；抜粋）に記載されていますが，これら

の記載も，書面を示しながらの説明をなすべきことを当然の前提としていることは明らかです。

10．重要事項説明義務違反
　⑴②　法第35条第1項，第2項又は第3項の書面は交付したものの，説明
　　　はしなかった場合
　　　→ 業務停止「7日」
　⑷　法第35条第1項，第2項又は第3項の規定に違反して，同条第1項，
　　　第2項又は第3項の書面を交付しなかった場合（⑸の場合を除く）
　　　→ 業務停止「15日」
　⑸　⑷の場合において，当該違反行為により関係者の損害が発生した場合
　　　（⑹の場合を除く）
　　　→ 業務停止「30日」

　すなわち，「交付＋説明（交付プラス説明があれば足りるとする）」説では，「（交付したが）説明しなかった場合」を「業務停止7日」とし，「（説明したが）交付しなかった場合」を「業務停止15日」（倍以上）とすることの合理的理由を見いだせません。

　「交付＆説明（交付プラス説明では足りないとする）」説を前提に，すなわち，「書面を示しながらの説明」が要求されていることを前提に，「（示しながらの説明をせず）書面の交付のみした場合」を「業務停止7日」とし，「（説明もせず）書面の交付さえしない場合」を「業務停止15日」（倍以上）にしたと解して初めて合理的な理解が可能となります。

■「改訂版 詳解 宅地建物取引業法（明石三郎氏ほか共著）」98頁
　「重要事項説明書の交付と説明（法三五条）」との標題の下，

宅建業者は，宅地建物の売買，交換または貸借の契約が成立するまでの間
　に，取引の相手方に対し，一定の重要な事項について，取引主任者による重
　要事項説明書の交付と説明をなす義務がある。説明方法は，単なる内容の朗
　読だけでなく，相手が理解する程度の説明が必要である。相手が誤解してい
　ることを知りながらさらに詳しい説明をしなかったときは，いまだ説明義務
　を果たしたとはいえない

と記載されています。

　同記載は，書面を示しながらの説明が求められていることを，当然の前提
とするものです。

■東京高裁昭和58年10月26日判決（宅地建物取引業法違反事件）の判旨から

　東京高裁昭和58年10月26日判決は，書面を交付しての重要事項説明が求め
られる事項について，

　　「書面の交付によらず，口頭で告知したに止まる場合」には，刑事罰であ
　る宅地建物取引業法47条1号，80条違反の罪（不実告知罪）は成立せず，書
　面を交付しなかった同法35条1項違反の行為につき，同法65条2項2号によ
　る一年以内の業務停止の35条1項違反行政処分を受けることがあるに過ぎな
　い

と判示しました。

　これは要するに，宅地建物取引業法が要求する重要事項説明が，書面を示
しながらの説明であることを前提に，この前提を満たす不実告知（説明）は
法47条1号，80条に違反するものということができるが，そもそも，この前
提を満たさない（書面を交付しない，口頭に止まる）不実告知は，書面を交
付しながらの説明をしていないという点で，説明の体を成さず，説明義務違
反（35条1項違反）に該当するに過ぎないとの判断を示したものです。

Part2
定期借家契約をさらに知ろう

6 定期借家契約への切替えについて（特措法附則２, ３条の制限）

(1) 特措法の附帯決議

定期借家制度を実現させた「良質な賃貸住宅等の供給の促進に関する特別措置法」（特措法）は, 現在ももちろん効力を有しています。

この特措法が国会で成立する際において, 以下のような附帯決議がなされています。

借家制度が国民の多くの世帯と関連を持ち, かつ, 生活基盤たる住宅や事業者に関わる重要な制度であることに鑑み, 借地借家法の改正についての国民の理解を深めるため, 借地借家法及び今回の改正内容の周知徹底を図ること。特に, 今回の改正は既存の建物賃貸借契約の更新には適用されないこと, また, 建物賃貸借制度は, 居住の用に供する建物に関し既になされた賃貸借に対しては, 当該賃貸借を合意終了したとしても, 当分の間, 適用されないことを, あらゆる方法を通じて周知徹底させ, 国民の住宅に対する不安の解消に努力すること。(1999年11月24日の衆議院附帯決議)

(2) 居住用の借家の場合（附則３条）

これを受けて, 特措法附則３条（以下, 単に「附則３条」といいます）は,

第五条の規定の施行前にされた居住の用に供する建物の賃貸借（旧法第三十八条第一項の規定による賃貸借を除く。）の当事者が, その賃貸借を合意により終了させ, 引き続き新たに同一の建物を目的とする賃貸借をする場合には, 当分の間, 第五条の規定による改正後の借地借家法第三十八条の規定は, 適用しない。

と定めました（「第五条の規定」とは借地借家法38条を現行法の内容に改正

する旨の規定です）。

「旧法第三十八条第一項の規定による賃貸借」とは，賃貸人の不在期間の建物賃貸借のことです。すなわち，定期借家制度が導入される以前の居住用建物の普通借家契約については，これを合意によって終了させて定期借家契約に切り替えることはできない旨を定めました。

(3) 事業用の借家の場合（附則2条）

では，事業用の借家の場合はどうでしょうか？

特措法附則2条（以下，単に「附則2条」といいます）1項は，

> 第五条の規定の施行前にされた建物の賃貸借契約の更新に関しては，なお従前の例による。

と定めています。

すなわち，居住用であると事業用であるとを問わず，普通借家契約の更新に際しては，定期借家契約の規定は適用されない旨を定めました。そのため，「更新」ではなく，形式上いったん普通借家契約を終了させて「新契約」として定期借家契約を締結すると，附則2条1項に抵触しないとの解釈が可能です。

そして，上述の附則3条により，居住用建物については，定期借家制度が導入される前の普通借家契約を合意により終了させて定期借家契約に切り替えることが禁止されていますが，附則3条の反対解釈として，事業用建物については，普通借家契約を定期借家契約に切り替えることが禁止されていないので，「新契約」として定期借家契約を締結することは認められることになります。

では，事業用の借家であれば，普通借家契約から定期借家契約への切替え

は自由にできるのでしょうか？

　そうではありません。

　附則2条が，普通借家契約の更新に際しては，定期借家契約の規定が適用されないと規定していることは既に述べたとおりです。

　そのため，たとえ事業用であっても，賃借人に対する説明が不十分で賃借人が定期借家契約を理解していないような場合は，たとえ形式的にはいったん普通借家契約を終了させて新たに定期借家契約が締結されていたとしても，実質的に，普通借家契約の更新であると評価されてしまい，附則2条により新たに締結されたはずの定期借家契約が無効とされてしまう場合も考えられます。

　よって，定期借家制度が導入される以前の事業用の普通借家契約を終了させて新たに定期借家契約に切り替える場合にも，事前に賃借人に説明書面を交付して，賃借人が十分に理解して定期借家契約に切り替えられるように懇切ていねいな説明を尽くす必要があります。

_第2_章 定期借家契約期間中

1 賃料改定の可否

(1) 借地借家法32条（原則）

借地借家法32条１項は，同法の適用のある借家契約全般に関して，

> 建物の借賃が，土地若しくは建物に対する租税その他の負担の増減により，
> 土地若しくは建物の価格の上昇若しくは低下その他の経済事情の変動により，
> 又は近傍同種の建物の借賃に比較して不相当となったときは，契約の条件に
> かかわらず，当事者は，将来に向かって建物の借賃の額の増減を請求するこ
> とができる。

と定め，貸主・借主の双方に賃料増減請求権を認めています。

定期借家契約にも借地借家法32条の適用がありますので，原則として，貸主・借主の双方から賃料の改定（増減額）を求めることが可能です。

この賃料増減請求権の制度は，一般的に借家契約が長期間に及ぶ契約であることから，当初定めた賃料が契約後の事情の変動によって著しく不相当となった場合を想定し，当事者の一方から他方へ，賃料の増減を請求できる権利を認めたものです。

具体的な権利の行使方法としては，当事者本人やその依頼を受けた弁護士から相手方に対して，たとえば，「令和〇年〇月〇日以降の賃料を〇〇円に

増額（減額）します」などといった文言を記載した内容証明郵便を送付し，増減額に関する協議を行うというのが通常です。

　万一協議によって決まらない場合には，原則として裁判所における民事調停となり，そこでも決まらない場合には，民事訴訟にて決せられることになります（調停前置主義，民事調停法24条の2）。

(2)　借地借家法38条7項（例外）

①　趣旨
　定期借家契約については，借地借家法38条7項にて

> 　第三十二条の規定は，第一項の規定による建物の賃貸借（注；定期借家契約）において，借賃の改定に係る特約がある場合には，適用しない。

という例外規定が設けられています。

　これは定期借家契約が本質として一定期間に限定された賃貸借契約であることから，賃料改定特約を入れるか否か，入れるとしてその内容をどのようなものにするかは当事者間の当初の意思決定によって拘束してしまうのが合理的であり，それによって契約期間内の賃料の増額や減額をめぐる紛争を回避しようという趣旨から定められたものです。

②　解釈
　「借賃の改定に係る特約」とは，賃料を改定しない旨の特約（不改定特約）や，賃料改定方法に関する特約を含みます。

　たとえば「契約期間中は賃料を改定しないものとする」という特約がある場合には，そもそも増額の請求も減額の請求もできません。また，「一定期間の経過ごとに（たとえば2年ごとに）一定額を（または一定率で）増額する」といった特約や「特定の経済指標（たとえば卸売物価指数や消費者物価指数）に連動して増減する」といった特約がある場合には，この合意と異なる増額及び減額の請求をすることができません。

このような賃料改定特約がある場合には，契約後に事情が大きく変わり，当初約束した賃料額が不相当となった場合であっても，貸主，借主双方ともこの特約に拘束されるため，経済情勢に即した増額及び減額を求めることができませんので，注意が必要です。

ただし，あまりにも長期間の定期借家契約（たとえば30年の契約期間）であれば，この契約期間内には単なる経済情勢の変動にとどまらない様々な事情の変化が生じる可能性がありますので，ケース・バイ・ケースではありますが，信義則（事情変更の法理）等の一般条項に基づき，特約の拘束力にも一定の限界が認められ得るものと考えられるところです（当研究会の見解）。

③ 効果

定期借家契約において，借地借家法32条の適用を排除できるというのは，極めて大きな意義を持ちます。

そもそも借地借家法32条は，賃料改定に関して当事者の意思による拘束（私的自治の原則・契約自由の原則）をかなり制限したものということができます。

借地借家法32条は，「契約の条件にかかわらず」適用される強行規定であり，しかも，①「土地若しくは建物に対する租税その他の負担の増減」，②「土地若しくは建物の価格の上昇若しくは低下その他の経済事情の変動」，または，③「近傍同種の建物の借賃に比較して不相当」という要因さえあれば，裁判所が裁量的に賃料を改定できると定めるものだからです。

これに対して，借地借家法38条7項は，定期借家契約に限ってではありますが同法32条の適用を排除し，賃料の決定を当事者の意思に取り戻すものであると評価でき，民法の原則論である私的自治の原則・契約自由の原則を貫くものであるといえます。

2 中途解約の可否等

⑴ 原則論

　定期借家契約は，その名のとおり必ず確定的な契約期間が定められ，この期間中，貸主には「賃貸する義務」が，借主には「賃借する義務」がそれぞれ生じます。もちろん契約期間は賃貸借契約の目的に照らして合理的な期間であることが大切ですが，一度定められた以上は双方ともこの期間を全うする義務が発生するのです（私的自治の原則・契約自由の原則）。

　したがって，後述の例外のようにあらかじめ中途解約権を約定してある場合や，貸主の同意がある場合を除いては，中途解約はできないというのが原則です。

⑵ 民法618条：当事者間で合意がある場合（例外その１）

① 中途解約権の留保

　民法618条は，

> 　当事者が賃貸借の期間を定めた場合であっても，その一方又は双方がその期間内に解約をする権利を留保したときは，前条の規定を準用する。

と定め，当事者が中途解約権を約定したときに限って，期間満了前の中途解約を認めています。

　借地借家法上，民法618条の適用を除外する規定は見当たりませんので，定期借家契約は，まさしく「当事者が賃貸借の期間を定めた場合」の１つとして，民法618条の適用を受けることになります。

　したがって，定期借家契約を締結する際，中途解約権を約定した場合には，その内容に従って中途解約することができます。

② 賃貸人からの中途解約と正当事由

ただ，この点に関して，必ずしも確定的な裁判例は見当たらなかったのですが，中途解約権を約定した場合であっても，賃貸人からの中途解約の申入れには6か月の予告期間が必要とされる（借地借家法27条）上，正当事由を具備することが必要である（同法28条）と考えられます（当研究会の見解）。

一見すると，正当事由制度の適用を排除した定期借家契約の中で，中途解約のときだけ同制度が再登場することには違和感があります。

しかし，条文上，借地借家法38条1項は，

> 第三十条（「この節（建物賃貸借の更新等）の規定に反する特約で建物の賃借人に不利なものは，無効とする」）の規定にかかわらず，契約の更新がないこととする旨を定めることができる。

と規定しており，同法30条の適用がないのは「契約の更新がないこと」だけに限定しており，中途解約に関する制限（借地借家法28条）についてまで同法30条の適用を除外するものとは読めないこと，実質的に考えても，定期借家契約の制度趣旨との関係においても，賃貸人の予測可能性の担保は期間満了時の不更新によって十分に図られ，いつでも途中解約できるという賃貸人の期待をことさらに保護する必要はないと考えられることなどから，賃貸人からの解約申入れには正当事由を必要とする同法28条が適用されると考えられます。

(3) 借地借家法38条5項：小規模賃貸住宅の場合（例外その2）

借地借家法38条5項は，居住用賃貸住宅の場合で床面積が200㎡未満の建物については，

> 　転勤，療養，親族の介護その他のやむを得ない事情により，建物の賃借人が建物を自己の生活の本拠として使用することが困難となったとき

は解約をすることができ，この場合は，

> 　解約の申入れの日から一月を経過することによって終了する。

と定めています。

　これは，比較的小規模な居住用賃貸住宅に関しては，賃借人側に住宅の使用継続ができないことにやむを得ない事情が発生した場合にまで賃借人に「賃借する義務」を履行させ続けるのが過酷であり，このような場合には速やかに解約を認めるべきであるという考えから設けられた規定です。

　この規定は強行規定ですので，これに反する賃借人側に不利な契約（たとえば，借地借家法38条５項の適用自体を除外する旨の契約や，条件を加えて同項が適用される場合をより限定したり，１か月を超える期間の経過を必要とする条件を加えたりする契約）はいずれも無効となります（同条６項）。なお，東京地裁平成20年９月25日判決は，この旨明確に判断しています（第５章「平成の裁判例」①（146ページ）参照）。

(4)　違約金の定め

①　原則論

　中途解約権が約定される場合，その内容として中途解約には一定の違約金の支払いが必要である旨を定められることがあります。このような約定は私的自治の原則・契約自由の原則から，有効であり，その約定どおり違約金を支払わなければ中途解約できないのが原則です。ただし，下記の例外的な場合には，違約金の支払約定の効力が制限されることがあります。

② 公序良俗違反等（例外その１）

違約金の定めの内容があまりにも一方当事者に不利または過酷である場合には，信義則（民法１条２項で「権利の行使及び義務の履行は，信義に従い誠実に行わなければならない」と定められていること），権利濫用（民法１条３項で「権利の濫用は，これを許さない」と定められていること）や公序良俗違反（民法90条で「公の秩序又は善良の風俗に反する事項を目的とする法律行為は無効とする」と定めているところ，これを略して，「公序良俗違反」の法律行為は無効だといわれてます）といった一般条項によって一部ないしは全部の効力を否定される可能性があります。

たとえば，残存期間の賃料の10倍を違約金とするという合意などは，金額があまりにも高額に過ぎ，「暴利行為」として公序良俗に反して無効になる可能性が高いものと考えられます（暴利行為は，公序良俗違反の一典型です）。

この点，東京地裁平成８年８月22日判決は，普通借家契約の事案についてではありますが，個別具体的な事情に応じて一定期間（大体６か月～１年間）を超える部分について公序良俗違反により無効とならないかどうかを判断するという考え方の枠組みを示しています。

ただし，普通借家契約と比較したとき，定期借家契約は意識的に定期で定めた契約期間どおりに契約が継続するという期待がより大きいものと言えますから，これを個別具体的な事情の１つとして考慮され，結論として，より公序良俗違反と判断されにくくなる（残存期間分の賃料相当額の違約金の定めがより有効と判断されやすい）ものと考えられます（当研究会の見解）。

この点は将来の判例の蓄積が待たれるところですが，注意が必要でしょう。

③ 居住用賃貸住宅の場合（例外その２）

125ページのとおり，借地借家法38条５項は，居住用賃貸住宅の場合で床面積が200㎡未満の建物については，

> 　転勤，療養，親族の介護その他のやむを得ない事情により，建物の賃借人が建物を自己の生活の本拠として使用することが困難となったとき

は解約をすることができ，この場合は，

> 　解約の申入れの日から一月を経過することによって終了する。

と定めています。

　前述のとおり，解約の予告期間を1か月と定めているところ，この規定は強行規定ですので，これに反する賃借人側に不利な違約金の定め，たとえば1か月の賃料を超える違約金の定めは無効です（借地借家法38条6項）。

　東京地裁平成20年9月25日判決（第5章「平成の裁判例」①（146ページ））は，借地借家法38条6項によって同条5項がいわゆる片面的強行規定であると解釈した上で，残存期間分の賃料を支払った場合に限り中途解約ができ，これを支払わない場合の中途解約は事由のいかんを問わず一切主張できない旨の規定を無効であると判断しました。

　また，消費者契約法は，事業者と消費者の間の契約全般に適用される法律であり，同法9条1号は，通常生じると考えられる「平均的な損害」を超える違約金の定めは無効になることを定めています。消費者が非事業用として定期借家契約を締結した場合（一般の個人の方が居住用賃貸住宅を賃借した場合は多くがこれに該当するでしょう）には，消費者契約法9条1号によって，過大な違約金の定めが無効であると主張できる場合があると考えられます。

第**3**章　契約期間満了時

　これまで契約締結時及び契約期間中における注意すべき点などについて説明いたしましたが，本章では，期間満了時における注意すべき点について，具体的には，契約期間満了時までに賃貸人から終了通知が届かなかった場合の契約関係などについて説明いたします。

1　期間満了１年前から６か月前までの終了通知

　借地借家法38条４項は，契約期間が１年以上の定期借家契約に関して，

　　建物の賃貸人は，期間の満了の一年前から六月前までの間（以下この項において「通知期間」という。）に建物の賃借人に対し期間の満了により建物の賃貸借が終了する旨の通知をしなければ，その終了を建物の賃借人に対抗することができない。ただし，建物の賃貸人が通知期間の経過後建物の賃借人に対しその旨の通知をした場合においては，その通知の日から六月を経過した後は，この限りでない。

と規定しています。

　つまり，借地借家法は，契約期間満了の６か月前までに，「期間の満了により建物の賃貸借が終了する旨の通知」（以下，「終了通知」といいます）を

することを原則とし，賃貸人が通知期間に終了通知を怠った場合に備えて，ただし書を規定しているということです。

　しかし，このただし書は，通知期間徒過後の終了通知の効果を規定するのみであって，いつまでに通知をしなければならないか（期間満了前に通知しなければならないのか，期間満了後に通知することも許されるのか）について規定しておらず，この点は解釈に委ねられております。

2 終了通知のポイント

⑴　終了通知の前提―終了通知がない場合の定期借家契約の終了時期

　終了通知がないまま契約期間を経過した場合であっても，契約期間満了により定期借家契約が終了するのでしょうか？

　定期借家契約の特徴は，定期の期間が満了すれば，絶対的に賃貸借契約が終了するという点にあるので，終了通知がない場合であっても，契約期間満了により定期借家契約が終了すると考えるべきです。

　しかし，借地借家法38条4項は，「対抗することができない」と規定しています（128ページ）。「対抗することができない」とは，実体法上の効力が生じているが，その権利を主張する手続的要件を欠いている状態です。

　つまり，賃借人が当該建物の継続利用を希望する場合には，終了通知がない以上，賃貸人は賃借人に対して定期借家契約が終了したことを対抗することができないため，契約期間満了の翌日以降も，賃借人は当該建物を利用することができます。

(2) 契約期間満了後に通知することが許されるか

① 裁判例（契約期間満了の約３か月半経過後に終了通知を送付した事例）

契約期間満了後の通知に関して，東京地裁平成21年３月19日判決（判例時報2054号98頁，第５章「平成の裁判例」②（148ページ））は，契約期間終了日から約３か月半経過した後の終了通知について，賃貸人は，同通知から６か月間，賃借人に対して定期借家契約の終了を対抗できないが，それ以降は，定期借家契約の終了を対抗できる旨判示しました。

そして，その根拠について，借地借家法38条４項に規定する６か月は，賃借人に対する明渡猶予期間を定めたものであり，この点は，終了通知が期間満了前にされたか，期間終了後にされたかによって異なるものではないと判示しました。

さらに，契約期間満了後の終了通知を認めることによる賃借人の不利益に関しては，一般論として，黙示的に新たな普通借家契約が締結されたものとみなされることや一般条項（権利濫用論）を適用することで賃借人の不利益を回避できるとした上で，本件に関しては，普通借家契約が成立したと認めることはできない旨判示しています。

ア）裁判例の評価について

ただし，この裁判例に関しては，賛否両論があります。

この裁判例には，建物の返還を急いで求める必要のない物件（期間満了時と定期借家契約の終了時を一致させる必要性の乏しい物件）の賃貸人が，通知期間内に終了通知を行わず，契約期間満了後，自らの都合により，いつでも終了通知をすることを認める結果となり，賃借人は，契約期間満了後は，いつ明け渡さなければならないか全く予見できず，非常に不安定な地位に置かれ，定期借家制度の趣旨に反するとの批判がありました。

一方，この裁判例が，一般条項（信義則）による救済や黙示の普通借家契約成立に言及していることから，賃借人の不利益回避にも配慮したバラ

ンスのとれた判断であるとして，賛成する考え方も存在します。

イ）この裁判例から学ぶこと〜賃貸人・賃借人の対応

　この裁判例は，上記のとおり賛否両論があること，最高裁の判断ではないことから，今後同種の事案において，同様の判断が下されるかは定かではありません。

〈賃借人の対応〉

　賃借人としては，終了通知の発送時期が賃貸人次第であるところ，契約期間終了後の終了通知によっても，6か月後に明け渡さなければならない可能性があるため，明渡時期を予見できないという不利益を負います。

　そのため，明渡時期が不確定であることに不安を覚える賃借人は，自らの法的地位を確定するために，契約期間終了前に，賃貸人に対して契約期間に関する希望を伝える書面を送り，再契約の可否等について協議することを検討すべきです（もっとも，この方法には，賃貸人に終了通知発送を誘発する側面があることにご留意ください）。

　一方，明渡猶予期間が6か月あれば十分だと考え，契約期間満了後いつ終了通知を受けても構わないと考える賃借人は，自ら積極的な対応をする必要はありません。

〈賃貸人の対応〉

　賃貸人としては，裁判例が普通借家契約成立の可能性に言及しており，仮に，裁判所が普通借家契約の成立を認めれば，定期借家契約を締結したことによる利点を失いますので，どんなに遅くとも契約期間終了までに通知するよう心掛けるべきです（万一，賃借人から契約期間終了後の法律関係を明らかにするよう求める書面が届いたにもかかわらず，ことさら終了通知を怠ったような場合には，一般条項（信義則）や黙示の意思表示を根拠にして普通借家契約の成立を認められることがあり，終了通知から6か月後の明渡しが認められない可能性があります）。

②　裁判例（契約期間終了後，約２年８か月明渡しを求めなかった事例）

　東京地裁平成29年11月22日判決（第５章「平成の裁判例」⑬（174ページ））は，賃貸人が期間満了の約７か月半前に終了通知を送付したものの，新たな再契約に応じようとせず，かといって建物を明け渡そうとしない賃借人に対し，大事になることを避けつつ，損失を抑えようとして従前どおりの賃料を請求し続けて２年８か月が経過した後に建物の明渡しを求めて提訴した事案において，「黙示的に新たな普通建物賃貸借契約が締結されたものと解すべき」と判示して，賃貸人の請求を退けました。

3 再契約についてのポイント

⑴　「更新」との違い及び「再契約」をする際に注意すべきこと

　既に何度も述べていますように，定期借家契約は「更新」のない契約であり，賃貸人が終了通知手続を怠らない限り，期間満了により必ず終了します。

　もっとも，契約終了後に賃貸人と賃借人が新たに合意をすれば，再度同じ条件で又は条件を変更して契約をすることは自由です（契約自由の原則）。しかし，これは「更新」ではなく新たな契約です（再度の契約であるという事実に着目して「再契約」と呼ぶことが多いです）。

　実際には，賃貸人にも賃借人にも特に不満のないケースでは，書面を作りまたは書面を作らずに，契約を事実上継続していることも多いかもしれません。

　しかしながら，まず，終了通知（借地借家法38条４項）を怠ると，その後の賃貸（状態）は，普通借家契約になる可能性があり，その場合には，賃貸人に正当事由のない限り，賃借人からの更新の要求を拒めなくなることは先に述べたとおりです。

Part2
定期借家契約をさらに知ろう

次に，終了通知をして最初の定期借家契約を正式に終了させたとしても，その後に作成する賃貸借契約書が，定期借家契約として効力が生じるための要件（契約書とは別に作成する説明書により説明がなされること等）を備えない場合は，最初の定期借家契約が要件を満たすものであったとしても，再契約においては要件を満たさず，普通借家契約の効力しか有さないということになり，賃借人がこのことに気づいて主張すれば，賃貸人は賃借人に対して定期借家契約であることを主張できません（第5章「平成の裁判例」⑧（161ページ）参照）。

なお，契約関係を継続するためには「再契約」をする必要があるということは，非常に重要な意味を含みます。

すなわち，最初の定期借家契約はいったん完全に終了するわけですから，最初の契約で保証人となってもらった人に引き続き保証人となってもらいたいときは，原則として，再契約の際に，再度，保証人として署名捺印をしてもらう必要があります。

また，賃貸の対象となっている建物に抵当権が設定されている場合，最初の定期借家契約が抵当権設定の前になされたものであるときは，抵当権が実行され建物所有者が変更になっても，新所有者に対して定期借家権を対抗する（優先させる）ことができますが，「再契約」後の定期借家権はその抵当権設定に対抗する（優先させる）ことができません。これは，抵当権が実行され建物所有者が変更になった場合，新所有者から請求されれば，原則として退去しなければならなくなるからです。

(2)　国土交通省作成のひな形について

実務においては，終了通知書に「……期間の満了の日の翌日を始期とする新たな賃貸借契約（再契約）を締結する意向があることを申し添えます」と付記された国土交通省作成のひな形が使用されていることが多いようです。

賃借人は，再契約締結の意向がある旨のこの通知をもらって一息ついた後，

期間満了日までに新契約（再契約）の条件を賃貸人との間で協議し，賃貸人は，定期借家契約成立に必要な所定の手続を再度踏むことになります。

　また，賃貸人と賃借人との間の契約関係は，「更新」ではなく「再契約」であり，最初の定期借家契約はいったん完全に終了しますので，本来，①賃貸人は賃借人に対して敷金をいったん返還するべきこととなり，②賃借人は賃貸人に対していったん建物を明け渡すことになり，③その際，賃借人が建物に損傷を与えた部分があれば原状回復義務を負うことになりますが，これを実際にすることは賃貸人賃借人双方にとってメリットがないことが多いので，再契約をする際には，①敷金はいったん返還を受けたが再度預けたことを確認し（そのために，賃料等の滞納がある場合はいったん精算を済ませる必要はあります），②いったん明け渡された後に新たな引渡しを受けたことを確認し，③原状回復義務は，再契約の終了時において，最初の契約締結日以降の損傷を含め併せて履行することを確認する必要があります。

　この点，国土交通省が作成する標準契約書においては，第17条（再契約）の1項として，

> 　　甲（注；賃貸人）は，再契約の意向があるときは，第2条第3項に規定する通知（注；終了通知）の書面に，その旨を付記するものとする。

と定め，2項として，

> 　　再契約をした場合は，第13条の規定（注；明渡し義務に関する定め）は適用しない。ただし，本契約における原状回復の債務の履行については，再契約に係る賃貸借が終了する日までに行うこととし，敷金の返還については，明渡しがあったものとして第6条第3項（注；賃料の滞納及び原状回復費用の差し引きに関する定め）に規定するところによる。

と定めて，これらの問題を最初の定期借家契約書の中で解決しようとしています。

ただし，「更新」のないはずの定期借家契約書の中に「（再契約）」との標題が付された条項を設けることは，賃借人に，「（最近は『更新』と呼ばずに『再契約』と呼ぶようになっただけで）当然に再契約はなされるもの」との誤解を与える危険性がなくはないようにも思われます。

　国土交通省が作成する契約締結時における説明文書のひな形（「定期賃貸借契約についての説明」）の記載（「下記住宅の賃貸借契約は，更新がなく，期間の満了により賃貸借契約は終了しますので，期間の満了の日の翌日を始期とする新たな賃貸借契約（再契約）を締結する場合を除き，期間の満了の日までに，下記住宅を明け渡さなければなりません」）と併せて読んでも，「再契約」してもらえないのが原則である趣旨は伝わりにくいのではないかと思います。

　標準契約書を使用する際には，賃貸人においても賃借人においても，この点について誤解なきようにご注意ください。

(3)　再契約の予約契約について

　定期借家契約は「更新」のない契約であり，賃貸人が終了通知手続を怠らない限り，期間満了により必ず終了するということは，契約が終了した後は，賃借人がいくら望んでも，賃貸人は「再契約」をするしないの話し合いをする義務さえないということであり，賃借人が「再契約」をしない理由を明らかにするよう求めても，賃貸人は理由を明らかにする必要さえないということです。

　もっとも，賃貸人さえよければ，最初の定期借家契約締結の際に（または契約期間満了の前に変更契約として），「同契約が終了する前に賃借人が賃貸人に対して「再契約」を求める意思表示（予約完結の意思表示）をすれば，一定の条件下において再契約の効力が生じるものとする」という予約契約をすること（または特約としてこれを付け加えること）は許される（効力が認められる）ものと考えられます。

なぜならば，これを禁止する法律はありませんし（かえって契約自由の原則があります），賃貸人が，本来は契約期間満了を無条件に主張できるところ，再契約の予約契約はいわばその権利を賃貸人が放棄をするに過ぎず，この効力を制限すべき理由がないからです。

　ただし，賃借人が「再契約する」旨の意思表示をすれば無条件に「再契約」の効力が生じるとする予約契約（または特約）は，定期賃貸借が「更新」のないものであるという本質に反するものですから，そのような予約契約（または特約）をすれば，そもそもそれは定期借家契約ではなく普通借家契約であると解されることになると思われます。

　したがって，もしも賃借人と賃貸人が，予約契約（または特約）をするのであれば，一定の条件が満たされたときに限り再契約をしなければならないという効力が生じるものである必要があり，たとえば，次のような条件を設けることが考えられます。

　①　契約期間中の賃料支払いについて滞納がないこと
　②　（歩合賃料の場合）毎月○○万円以上の売上があること
　③　賃借物件の使用収益方法その他について契約違反がないこと

　確かに，賃貸人側にとってみれば，予約契約は，もっぱら自己の権利を制約するだけのものであり，積極的に締結したいという動機を欠くものであり，実務においてどれほど使われるかは定かではありません。

　ただし，特に，②のような条件を付けることは，賃貸人（ディベロッパー）側としても，賃料収入の減少を回避できるなどのメリットがありますし，前述のとおり，終了通知の際に「再契約」の有無に触れざるを得ないのであれば，また，「再契約」をする際の疑義をなくしておくために最初の定期借家契約書の中で触れざるを得ないのであれば，むしろ，再契約が認められる場合と認められない場合の条件を明示して，賃借人に「再契約」が原則であるという誤解を与えないことが望ましいとも考えられます。

Part2

_第4_章 賃貸人が注意すべきこと

　法律上有効かつ適正な定期借家契約を締結して，契約をめぐる無用な紛争の発生を防止するため，Part 2 の第 1 章から第 3 章において説明してきたことを踏まえ，賃貸人が注意すべきことを整理すると次のとおりです。

1 契約締結時における重要ポイント

(1) 書面による契約の締結

　借地借家法では，定期借家契約の締結は書面による必要があるとされ（38条 1 項「公正証書による等書面によって契約をするときに限り……契約の更新がないこととする旨を定めることができる」），その建物の賃貸借契約書には「契約の更新がなく，期間の満了により当該建物の賃貸借が終了すること」が明記されている必要があるとされています。

　よって，口頭では，定期借家契約は成立しません。

　そして，このことは，一度定期借家契約が期間満了により終了した後に，定期借家契約の再契約をする場合であっても同様です。

　なぜなら，定期借家契約に更新の制度はなく，必ず期間満了で終了し（借地借家法38条 2 項），その後，同一当事者が同一の条件で契約をするとしても，それは終了した契約とは別個の新たな契約だからです。

第 4 章
賃貸人が注意すべきこと 137

賃貸人としては，この新たな契約（再契約）も定期借家契約として締結したいのであれば，再度，「契約の更新がなく，期間の満了により当該建物の賃貸借が終了すること」が明記されている契約書を作成し直し（同法38条1項），以下に述べる所定の条件をすべて満たす必要があることに注意しなければなりません（再契約の際に注意すべき点は後記(3)（142ページ）参照）。

(2)　説明書面の交付とその書面による説明

①　説明書面の交付と説明の必要性

　借地借家法では，定期借家契約をしようとするときは，あらかじめ，（契約書にも記載されている内容である）「契約の更新がなく，期間の満了により当該建物の賃貸借が終了すること」について，「その旨を記載した書面（注；説明書面）を交付して説明をしなければならない」とされ（借地借家法38条2項），賃貸人が，かかる内容と方法による説明をしなかったときは，「契約の更新がないこととする旨の定めは無効」となり（同条3項），定期借家契約としての効力が認められず，普通借家契約として契約が成立するに止まることとされています。

　したがって，賃貸人としては，定期借家契約の締結に先立って，上記説明書面を作成し，これを確実に賃借人に交付して，その内容の説明を行っておく必要があります。

②　説明書面の形式及び内容と，口頭説明の内容

　賃貸人は，前記説明文書を賃借人に「交付して説明」しなければなりません（借地借家法38条2項）。まず注意すべきは，説明書面は，契約書とは別個独立の書面で作成して，交付しなければならないということです（このことは，最高裁平成24年9月13日判決（民集66巻9号3263頁，第5章「平成の裁判例」⑤（155ページ）参照）において明らかにされています）。

　また，裁判例には，交付された説明書面の記載内容が誤っていたことなどを踏まえて，法に定める説明がなされたとは認められない旨を判示したもの

もあり（東京地裁平成24年3月23日判決（判時2152号52頁，第5章「平成の裁判例」④（152ページ）参照）），説明書面の記載内容が適切なものでなければならないことは言うまでもありません。

　この点，国土交通省が作成する定期賃貸住宅標準契約書関係様式には，説明書面の様式も含まれていますので，説明書面の作成にあたっては，まずはこれを参考にすることも考えられます。

　さらに，説明書面を交付した上でする説明について，上記裁判例（東京地裁平成24年3月23日判決）は，

　　説明書面を交付して行うべき説明は，締結される建物賃貸借契約が，一般的な建物賃貸借契約とは異なる類型の定期建物賃貸借契約であること，その特殊性は，同法26条所定の法定更新の制度及び同法28条所定の更新拒絶に正当事由を求める制度が排除されることにあるといった定期建物賃貸借という制度の少なくとも概要の説明と，その結果，当該賃貸借契約所定の契約期間の満了によって確定的に同契約が終了することについて，相手方たる賃借人が理解してしかるべき程度の説明を行うことを要すると解される

と判示した上，当該事例について，説明書面の記載内容が借地借家法の条項（しかも一部誤った条項）を摘示する程度のものでしかなかったところ，説明の程度としても，「説明書の条項の読み上げにとどまり，条項の中身を説明するものではなく，仮に条項内の条文の内容を尋ねられたとしても，六法全書を読んで下さいといった対応をする程度のものであった」に過ぎなかったことなどを理由として，借地借家法38条2項所定の説明をしたとはいえないとの判断をしています（本判示については102ページ参照）。

　上記判示の「賃借人が理解してしかるべき程度の説明」の中身は，具体的な状況に応じて変わるでしょうが，賃貸人としては，後日，賃借人が理解してしかるべき程度の説明を行ったことを容易に立証できるようにするために，契約時における前提として，説明書面には，上記裁判例において必要とされ

る説明内容を十分に網羅した内容を記載しておくことが望ましいといえます。

なお，上記の国土交通省が作成する定期賃貸住宅標準契約書関係様式に含まれる説明書面の様式を参考にし，この程度の内容を最低限のものとしつつも，さらにこれをアレンジして，必要とされる説明内容を網羅しておくことが適切です。

③ 説明書面の交付と説明の時期

借地借家法38条2項が，「（説明）書面を交付して（の）説明（借地借家法38条2項）」は，「あらかじめ」なされなければならないと定めていることに関して，説明書面の交付や説明の時期についての裁判例では，「契約と同一機会であっても，契約締結に時的に先立っていれば，『あらかじめ』に当たる」と判示したものもあります（前記東京地裁平成24年3月23日判決，第5章「平成の裁判例」④（152ページ）参照）。

もっとも，定期借家契約を締結するにあたって，賃借人に早期に説明書面を交付して説明し，賃借人に十分な検討時間を与えることは，紛争の回避という観点からも望ましいことです。

また，説明書面の交付や説明を契約締結と同じ日に行う場合には，説明書面の交付や説明が契約締結よりも先であることの立証が困難となる場合などが考えられるという実際上の問題もありますので，その意味からも説明書面の交付や説明は契約締結日よりも前に行うことが望ましいですし，契約の締結と同じ日に行う場合には，説明書面の交付や説明を契約締結よりも前に行ったことを確実に立証できる方法を検討しておく必要があります（第5章「平成の裁判例」⑪（170ページ）参照）。

よく勘違いされることですが，説明書面の交付や説明を行ったという人が，単に法廷で「契約の締結よりも先に説明書面を交付して説明をしました」と証言するだけでは，必ず立証できるというわけではありませんので，注意が必要です。

④ **説明書面の交付と説明内容についての記録化**

　説明書面を交付し，説明を行ったことを明らかにするために，たとえば，誰が，いつ，どこで，誰に対して，どれくらいの時間をかけて，どのような説明書面を交付し，どのような内容の説明を行ったのかを説明者等において議事録に残しておくこと，あるいは，チェックシート形式等のものを含めて，説明者等が簡易に記入することができる資料を作成して，記録として残しておくことは大変有用なことです。

　また，賃借人が説明書面を受領し，説明を受けたことを明らかにするとともに，賃借人が理解した内容を確認することができるように，あらかじめ説明者等においてチェックシート形式の書面を作成しておき，説明書面を交付し，説明を行った後に，賃借人に当該書面に記入をしてもらうことなども有用です。

⑤ **媒介業者による説明書面の交付と説明**

　賃貸人は，当該定期借家契約の仲介を担当する宅建業者を通じて，賃借人に対し，説明書面を交付して説明を行うことが可能です。

　ただし，その宅建業者が賃借人に対して説明書面を交付して説明を行う場合には，宅建業者が自らの立場で重要事項説明を行う場合とは異なり，賃貸人に代わって説明書面を交付して説明を行うこととなります。

　よって，宅建業者が交付する重要事項説明書が当然に説明書面を兼ねることにはなりませんし，宅建業者が自らの立場で行う重要事項に関する説明も，当然に賃貸人に代わって行う説明を兼ねることにはなりません。

　重要事項説明書とは別個に，説明主体が賃貸人であり，これを宅建業者が賃貸人に代わって（代理して）説明するものであることも明確にした内容の説明書面を作成して賃借人に交付し，同書面に基づいて，重要事項の説明とは別個のものとして説明をすることが適切です（第5章「平成の裁判例」⑥（157ページ）参照）。

(3) 再契約について

① 再契約に関する説明

定期借家契約における紛争が生じやすい場面の1つとして，賃借人に再契約に関する期待を過度にもたせたにもかかわらず，賃貸人が再契約を拒んだことにより，賃借人が不利益を被ったような場面が挙げられます。

本来，定期借家契約の再契約を締結するかどうか，あるいは締結をするとしてもその内容をどうするかは，再契約の締結にあたり，当事者間で改めて協議をして決定することであり，双方ともに，従前と同一の内容で定期借家契約をしなければならないものではありません。

もっとも，当初の定期借家契約の締結にあたり，賃貸人が賃借人に対して再契約の締結が確実である旨の誤った説明を行った場合，あるいは，賃借人に対して再契約の締結を強く期待させるような説明を行った場合に，賃借人が再契約後の契約期間が存在することを念頭に置いて，そのような説明を受けなければ到底なし得ないような大規模の設備投資を行ったにもかかわらず，賃貸人が不合理な理由により再契約の締結を拒んだような場合には，具体的事情によっては，賃貸人に対して賃借人による損害賠償請求が認められる等のリスクを負うことにもなりかねません。

録音機器や録音機能が飛躍的に発達した現代においては，賃貸人が不用意な説明を行った場合，賃借人の録音によりそのことが法廷で立証されるおそれが高まってもいます。

再契約の締結の可否は，あくまでその時点における双方の意思に基づいて協議の結果決まることですので，たとえば，賃借人に対して再契約の締結が確実であると誤信させるような説明は控えるべきです。

また，再契約が繰り返された場合，ついつい説明を簡略化してしまいがちですが，説明文書の作成と交付は毎回必要です。面談し説明文書を示しながらの説明までは必要ではない（郵送で足りる等）との裁判例もありますが

（第5章「平成の裁判例」⑩（168ページ），⑫（172ページ）参照），労を惜しむべきではないでしょう。

②　再契約と敷金・保証金に関する説明・取決め

　従前の定期借家契約は終了しますので，再契約をする場合には，敷金や保証金について特段の取り決めをしなければ，従前の契約の終了時点でいったん返還等されることとなり，新契約における敷金や保証金に当然に充当されることにはなりません。

　よって，従前の契約と新契約における敷金や保証金をどうするのかについては取り決めておく必要があります。

③　再契約と保証人に関する説明

　保証人も，従前の定期借家契約終了により保証人ではなくなりますので，従前の保証人に引き続き保証人となってもらいたいのであれば，再契約の際に，再度，保証人との間で保証契約を締結する必要があります（第3章③(1)（133ページ）参照）。

　保証契約の締結は，再契約についての定期借家契約書と同じ契約書で行うことでも構いませんが，書面を作成しなければ保証契約を締結したものとは認められませんので（民法446条2項）注意が必要です。

　民法の改正法の施行日（2020年4月1日）以降に個人を保証人として締結される保証契約については，書面により極度額を定める必要がありますので，併せて注意が必要です。

2　契約終了時における重要ポイント（終了通知）

　借地借家法では，契約期間が1年以上の定期借家契約に関して，

期間の満了の一年前から六月前までの間（通知期間）に建物の賃借人に対し期間の満了により建物の賃貸借が終了する旨の通知をしなければ，その終了を建物の賃借人に対抗することができない。

と規定するとともに，「通知期間の経過後，建物の賃借人に対しその旨の通知をした場合」は，「通知の日から六月を経過した後は」，賃借人に契約の終了を対抗できる，すなわち，建物の明渡しを求めることができると定めています（借地借家法38条4項）。

　上記のとおり，通知期間の経過後に通知をした場合であっても，通知の日から6か月経過した後には，建物の明渡しを求めることができると規定されてはいますが，いかなる場合であっても，通知期間経過後の通知にこのような効果が認められるかは疑問です。

　たとえば，賃貸人が定期借家契約の期間が満了したことを認識していたにもかかわらず，あえて長期間にわたり終了通知をせずに放置していた，または，終了通知はしたものの従前どおりの賃料を受領しながら明渡しを求めずに放置していた等の事情が認められる場合などには，その他の具体的な事情によっては，「定期借家契約の期間満了後に，新たに当事者間で普通借家契約を締結した，あるいは，少なくとも賃借人の不利な時期に建物の明渡しを求めることは信義則に反して許されない」などと裁判所で判断されることが考えられます（第3章②(2)①（130ページ），第5章「平成の裁判例」⑬（174ページ）参照）。

　賃貸人としては，無用な紛争を回避する観点から，忘れずに通知期間内に賃借人に対して確実に終了通知を送付することが必要になりますし，万一，通知期間を徒過したことに気づいた場合には，直ちに賃貸人に対して終了通知を送付し，定期借家契約の期間満了後にも賃借人が建物を使用し続けることを許容していたかのような誤解を受けることがないようにしておくべきであると考えられます。

3 契約切替え時における重要ポイント（特措法附則３条）

　特措法附則３条によれば，定期借家制度が導入された2000年３月１日より前にされた居住用の建物の普通借家契約については，普通借家契約を合意により終了させ，引き続き同一の建物について定期借家契約に切り替えたとしても，当分の間，定期借家契約としての効力が認められないこととされていますので，賃貸人としては，留意が必要です。

　なお，老朽化した建物を建て替える際，賃貸人が賃借人に対し代替の借家を提供し，この機会に普通借家契約から定期借家契約に実質的に切り替えた事案において，借家権の喪失を補うだけの経済的合理性必要性の認められない点も重視された結果，法38条所定の説明を欠くものとして定期借家契約の成立を否定した裁判例があります（第５章「平成の裁判例」⑦（158ページ）参照）。

Part2

第5章　平成の裁判例

　本章では，本書で引用した裁判例に加えて，特筆すべき平成の裁判例の【事案】と【判旨】を簡潔に紹介します。

> ① **平成20年9月25日東京地方裁判所判決**
> 　（Westlaw2008WLJPCA09258011）
>
> 　小規模居住用建物の定期借家契約において，「中途解約の場合，契約期間の残金を支払った場合に限り，解約できる。契約期間残金を支払わない場合の中途解約は事由の如何を問わず一切主張できない」との特約条項が無効とされた事例。

【事案】

　賃貸人（原告）と賃借人（被告）は，平成19年5月31日付で「（面積）17平方メートル」の貸室につき，「（賃料）月額4万9,800円」「（賃貸期間）平成19年6月1日から平成21年5月31日まで」（2年間）とする定期借家契約を締結し，賃借人（被告）は，平成19年6月1日に入居したが，一度も賃料を支払わないまま同年8月初旬に退去し，このころ賃貸人（原告）に対し，「賃料等は支払えない」と連絡したので，賃貸人（原告）は賃借人（被告）に対し，中途解約に関する上記特約条項に基づき，2年分の賃料等と遅延損害金の支払いを求めて提訴した（公示送達）。

Part2
定期借家契約をさらに知ろう

【判旨】

　「中途解約に関する上記特約条項は「借地借家法38条5項の規定に反する建物の賃借人に不利なものであるから，無効といわなければならない。なお，原告は，これらの規定を無効とすることは契約自由の原則等に反する旨を主張するが，借地借家法38条6項によれば同条5項はいわゆる片面的強行規定であると解され，原告の主張は理由がない。……以上によれば，本件賃貸借契約6条（注；上記特約条項）は無効であり，原告は，被告に対し，未払い賃料等は格別，同条に基づいて契約期間満了までの賃料相当損害額の支払いを求めることはできない。……被告が……平成19年8月初旬には原告に対し本件物件はすでに退去した，賃料等は支払えない旨を連絡していることに照らすと，本件においては，かかる連絡をもって借地借家法38条5項の解約の申入れがあったものとして，遅くとも平成19年9月10日には本件賃貸借契約が終了したものと認めるのが相当である。（下線は筆者による。以下同じ）」と判示し，平成19年6月1日から同年9月10日までの賃料等と商事法定利率年6％の遅延損害金の限度で請求を認容した。

※参照条文
○借地借家法38条5項
　「第一項の規定による居住の用に供する建物の賃貸借（床面積が二百平方メートル未満の建物に限る）において，転勤，療養，親族の介護その他のやむを得ない事情により，建物の賃借人が建物を自己の生活の本拠として使用することが困難となったときは，建物の賃借人は，建物の賃貸借の解約の申入れをすることができる。この場合においては，建物の賃貸借は，解約の申入れの日から一月を経過することによって終了する」
○借地借家法38条6項
　「前二項の規定に反する特約で建物の賃借人に不利なものは，無効とする」

② 平成21年3月19日東京地方裁判所判決
(D1-Law.com判例体系28153773)

期間満了から約3か月半経過後に終了通知が送付された場合，賃貸人は賃借人に対し，送付後6か月間は終了を対抗することができず，その間，賃借人は建物の明渡しを猶予されるが，期間満了に伴い定期借家契約が普通借家契約と同様の法律関係となるわけではないとした事例。

【事案】

賃貸人（原告）と賃借人（被告）は，契約期間を平成16年8月1日から平成19年7月31日までとする定期借家契約を締結していたところ，賃貸人（原告）が賃借人（被告）に対して「賃貸借終了通知」書を送付したのは，契約期間満了の約3か月半後の平成19年11月19日であった。賃借人（被告）が明渡しに応じないので，賃貸人（原告）は，平成20年7月5日に訴訟提起をしたが，賃借人（被告）は，「終了通知が発せられないまま期間が満了したので普通借家契約と同様の法律関係となり，賃貸人に正当事由がないから契約は終了していない」等と主張して明渡し等を拒んだ（なお，賃貸人（原告）は提訴後間もなく賃貸建物を売却し，買主が賃貸人たる地位を承継して訴訟を承継した）。

【判旨】

1　本判決は，次のとおりの原則を示した。

「定期建物賃貸借契約でも契約期間が一年未満の場合には，期間満了は比較的近い将来のことで，賃借人としても契約終了は常に念頭に置くべきであり，あらためて注意喚起しなければ期間満了を失念するという可能性は小さい。そのため，賃貸人に通知を義務づける必要性は乏しいと考えられることから，この場合には，賃貸人が契約終了通知をしなくても，期間満了後は賃貸借契約の終了を賃借人に対抗することができる。」しかしながら，「借地借家法三八条所定の定期建物賃貸

借契約のうち契約期間が一年以上のものについて，賃貸人が期間満了に至るまで同条四項所定の終了通知を行わなかった場合（は）賃借人がいかなる法的立場に置かれるかについては争いがあるところ，……定期建物賃貸借契約や終了通知の法的性格ないし法的位置づけ等に照らすと，①定期建物賃貸借契約は期間満了によって確定的に終了し，賃借人は本来の占有権原を失うのであり，このことは，契約終了通知が義務づけられていない契約期間一年未満のものと，これが義務づけられた契約期間一年以上のものとで異なるものではないし，後者について終了通知がされたか否かによって異なるものでもない。

　②ただし，契約期間一年以上のものについては，賃借人に終了通知がされてから六か月後までは，賃貸人は賃借人に対して定期建物賃貸借契約の終了を対抗することができないため，賃借人は明渡しを猶予されるのであり，このことは，契約終了通知が期間満了前にされた場合と期間満了後にされた場合とで異なるものではない，以上のように解するのが相当である。」

2　そして，「賃貸人が期間満了後も賃借人に対していたずらに終了通知をしない」場合に「建物の使用継続を希望する賃借人の地位を不安定にする」事態については，本判決は，「……期間満了後，賃貸人から何らの通知ないし異議もないまま，賃借人が建物を長期にわたって使用継続しているような場合には，黙示的に新たな普通建物賃貸借契約が締結されたものと解し，あるいは法の潜脱の趣旨が明らかな場合には，一般条項を適用するなどの方法で，統一的に対応するのが相当というべきである。被告主張のように，終了通知が契約期間内に行われたか否かをメルクマールとする方法は，終了通知義務のない契約期間一年未満のものには対応できないのであって，法がかかる方法を予定しているとも解し難い。」と判示した。

③　平成22年7月16日最高裁判所判決
（Westlaw2010WLJPCA07169003,判例タイムズNo 1333. 2010. 12. 15, p111）

「あらかじめ説明書面を交付して説明したことを相互に確認する」旨の条項のある公正証書の存在だけで，契約に先立ち別途説明書面が交付され，かつ，説明があったと推認した第二審判決の事実認定が，経験則又は採証法則に反し，違法であるとされた事例。

【事案】

賃貸人（原告）と賃借人（被告）は，平成15年10月29日，契約期間を同年11月16日から平成18年3月31日までとする「定期賃貸借建物契約書」と題する契約書を作成し，平成15年10月31日，この内容を公正証書（「定期建物賃貸借契約公正証書」）でも作成することとしたところ，同証書には，「賃貸人が賃借人に対し，本件賃貸借契約が契約の更新がなく，期間の満了により終了することについて，あらかじめ，その旨を記載した書面を交付して説明したことを相互に確認する」旨の条項があり，その末尾には，公証人による「公証人役場において本件公正証書を作成し，賃貸人代表者及び賃借人に閲覧させたところ，各自これを承認した」旨の記載がある。

賃貸人（原告）は，期間満了後約11か月を経過した平成19年2月20日に終了通知を発送し，その後，明渡しを求めて訴訟提起し，賃借人（被告）は，賃借権を有することの確認を求めて反訴提起した。

【判旨】

第一審は原告（賃貸人）の請求を棄却したが，第二審が第一審判決を取り消して原告（賃貸人）の請求を認容したところ，本判決は，「原審（注：第二審）は，説明書面の交付の有無につき，本件公正証書に説明書面の交付があったことを確認する旨の条項があること，公正証書の作成に当たっては，公証人が公正証書を当事者に読み聞かせ，その内容に間違いがない旨の確認がされることか

らすると，本件において説明書面の交付があったと推認するのが相当であるとした上，本件賃貸借は法38条所定の定期建物賃貸借であり期間の満了により終了したと判断して，被上告人（注：原告（賃貸人））の請求を認容し，上告人（注：被告（賃借人））の請求（注：反訴）を棄却した。

しかしながら，原審（注：第二審）の上記認定は是認することができない。その理由は，次のとおりである。前記事実関係によれば，本件公正証書には，説明書面の交付があったことを確認する旨の条項があり，上告人（注：賃借人）において本件公正証書の内容を承認した旨の記載もある。

しかし，記録によれば，現実に説明書面の交付があったことをうかがわせる証拠は，本件公正証書以外，何ら提出されていないし，被上告人（注：賃貸人）は，本件賃貸借の締結に先立ち説明書面の交付があったことについて，具体的な主張をせず，単に，上告人（注：賃借人）において，本件賃貸借の締結時に，本件賃貸借が定期建物賃貸借であり，契約の更新がなく，期間の満了により終了することにつき説明を受け，また，本件公正証書作成時にも，公証人から本件公正証書を読み聞かされ，本件公正証書を閲覧することによって，上記と同様の説明を受けているから，法38条2項所定の説明義務は履行されたといえる旨の主張をするにとどまる。

これらの事情に照らすと，被上告人（注：賃貸人）は，本件賃貸借の締結に先立ち説明書面の交付があったことにつき主張立証をしていないに等しく，それにもかかわらず，単に，本件公正証書に上記条項があり，上告人（注：賃借人）において本件公正証書の内容を承認していることのみから，法38条2項において賃貸借契約の締結に先立ち契約書とは別に交付するものとされている説明書面の交付があったとした原審の認定は，経験則又は採証法則に反するものといわざるを得ない。」と判示して，原判決（第二審判決）を破棄し，本件を東京高等裁判所に差し戻した。

④ **平成24年３月23日東京地方裁判所判決**
（D１-Law.com判例体系28181710）

　　説明書面に法的に誤った記載があることや，賃貸人が賃借人に対して，その説明書面を読み上げるだけで説明書面の中身の説明をしなかったケースにおいて，このような説明では，一般的な賃借人において定期借家制度の概要を理解できるものではなく，法38条２項所定の説明があったと認めることができないとした事例。

【事案】

　　鉄道高架橋下に建設された建物を賃借していた事業者（生花店，DPE・雑貨店，小料理店，飲食店）が，賃貸人（原告）である鉄道会社から「鉄道高架橋の耐震工事が必要」と言われ，平成21年６月または平成22年４月に，賃貸期間の終期を平成22年９月30日または同年10月31日とする各定期借家契約の締結に応じたところ，その後，期間満了による契約終了に基づく建物明渡等の請求を受けた事案である。契約締結の際，同社の担当者は，「法三八条二項の規定に基づく定期建物賃貸借（いわゆる定期借家）契約である事を，この書面を交付して説明する」との柱書に続けて「この建物賃貸借契約では，法二六条，二八条及び二九条一項の規定による契約の更新はない」などと記載された説明書面を交付し，口頭の説明としては，この記載を読み上げたにとどまり，条文の内容を尋ねられたとしても，「六法全書を読んでください」という対応をするのみであった。

【判旨】

１　本判決は，説明書面の記載内容について，次のとおり判示した。

　「法三八条二項は，『前項の規定による建物の賃貸借契約をしようとするときは，建物の賃貸人は，あらかじめ，建物の賃借人に対し，同項の規定による建物の賃貸借は契約の更新がなく，期間の満了により当該建物の賃貸借は終了することについて，その旨を記載した書面を交付して説明しなければならない。』としている

から，定期建物賃貸借契約の契約の更新がないこととする定めが有効であるためには，賃貸人において，賃借人に対し，賃貸借契約締結前に，①締結される建物賃貸借契約が，同法三八条一項の規定による定期建物賃貸借契約であること，②当該建物賃貸借契約は契約の更新がなく，期間の満了により契約が終了することを記載した書面を契約書とは別に交付するとともに，これを口頭で説明することを要すると解される（同法三項参照）。」ところ，「本件説明書は，……上記①の記載については，『法三八条二項の規定に基づく定期建物賃貸借』と記載するのみであって，記載が欠け又は誤った記載がされている。更に，同②の記載の関係でも，『法二六条，二八条及び二九条一項の規定による契約の更新はない』として，更新に関する規定ではない同法二九条が記載され，誤った又は意味が不明確な記載になっている。」

2　次いで，説明書面による説明について，次のとおり判示した。

「また，上記のように，賃貸借契約締結に先立って，契約書とは別に書面を交付して説明することが求められているのは，借家人が定期賃貸借制度の内容を十分に理解した上で契約することを担保するためであると解され，また，説明書面に，締結される建物賃貸借契約が，法三八条一項の規定による定期建物賃貸借契約であることを記載すべきと解されることに照らすと，説明書面を交付して行うべき説明は，締結される建物賃貸借契約が，一般的な建物賃貸借契約とは異なる類型の定期建物賃貸借契約であること，その特殊性は，同法二六条所定の法定更新の制度及び同法二八条所定の更新拒絶に正当事由を求める制度が排除されることにあるといった定期建物賃貸借という制度の少なくとも概要の説明と，その結果，当該賃貸借契約所定の契約期間の満了によって確定的に同契約が終了することについて，相手方たる賃借人が理解してしかるべき程度の説明を行うことを要すると解される。ところが，原告（注：賃貸人）が，被告（注：賃借人）らに対して行った説明は，乙野（注：賃貸人（原告）の担当者）を通じて行ったものは，本件説明書の条項の読み上げにとどまり，条項の中身を説明するものではなく，仮に条項内の条文の内容を尋ねられたとしても，六法全書を読んで下さいといった

対応をする程度のものであったことが認められ…乙野の説明は，一般的な賃借人において，定期建物賃貸借契約という制度の概要を理解できるものとはいえず……法三八条二項で求められる説明がされたと認めるに足りない。」

なお，説明書面の交付時期に関して原告（注：賃貸人）が，「『あらかじめ』といえるためには，十分な時間的余裕があることを要し契約締結と同一の機会ではその要件を満たさないと主張」したことに対しては，「建物を賃借しようとする者が，賃貸人からの説明を受けた後に，理解が不十分であると考えれば，契約締結を控えることが可能であり，また，条文の文言上，特に限定はないから，契約と同一機会であっても，契約締結に時的に先立っていれば，『あらかじめ』に当たるというべきである。」と判示した。

※参照条文
○借地借家法26条1項（法定更新制度）
　「建物の賃貸借について期間の定めがある場合において，当事者が期間の満了の一年前から六月前までの間に相手方に対して更新をしない旨の通知又は条件を変更しなければ更新をしない旨の通知をしなかったときは，従前の契約と同一の条件で契約を更新したものとみなす。ただし，その期間は，定めがないものとする」
○借地借家法28条（正当事由制度）
　「建物の賃貸人による第二十六条第一項の通知又は建物の賃貸借の解約の申入れは，建物の賃貸人及び賃借人（転借人を含む。以下この条において同じ。）が建物の使用を必要とする事情のほか，建物の賃貸借に関する従前の経過，建物の利用状況及び建物の現況並びに建物の賃貸人が建物の明渡しの条件として又は建物の明渡しと引換えに建物の賃借人に対して財産上の給付をする旨の申出をした場合におけるその申出を考慮して，正当の事由があると認められる場合でなければ，することができない」
○借地借家法29条1項
　「期間を一年未満とする建物の賃貸借は，期間の定めがない建物の賃貸借とみなす」

⑤　平成24年９月13日最高裁判所判決
（Ｄ１-Law.com判例体系28181945）

　　法38条２項所定の書面（説明書面）は，賃借人の理解の程度がどれほどかにかかわらず，契約書とは別個独立の書面であることが必要であるとした最高裁判所判決。

【事案】

　　平成15年６月，本件建物を競売により買い受けた原告は，同月末頃，被告に対して不動産引渡命令を得て本件建物の明渡しを求めたが，本件建物でゲストハウス（外国人向け短期滞在型宿泊施設）を経営中の被告はこれに応じなかった。そこで，原告は，やむなく暫時明渡しを猶予することとし，被告との間で賃貸借契約を結ぶこととし，契約内容の協議を経た上で，同年７月18日，契約期間を同日から平成20年７月17日まで（５年間）とする本件賃貸借契約（標題を「定期建物賃貸借契約」とし，その内容も定期借家契約の通常の内容が記載されたもの）を締結した。
　　その後，賃貸人（原告）は賃借人（被告）に対して，平成19年７月24日に終了通知を送付し，契約の終了予定を確認するとともに再契約の条件を提示した。期間と賃料額の点でなかなか折り合いがつかなかったが，合意に至り，再契約をしようとした際，今回は，賃貸人（原告）が賃借人（被告）に対して説明文書を交付し，同文書に記名捺印を求めたところ，賃借人（被告）が突如「（前回の）本件契約は定期借家契約ではない」「契約書とは別に，口頭で必ず再契約できるとの説明があった」等と主張して，今回の説明書面への記名押印を拒否し，再契約締結に至らなかったため，賃貸人（原告）は，期間満了による契約終了に基づいて本件建物の明渡しを求めて提訴した。

【判旨】

　　第一審は，説明書面は必ずしも契約書と別個独立の書面を要求するものでないとして，賃貸人（原告）の請求を認容し（「（賃借人（被告）は）結局，

再契約の条件が被告の意のとおりにならず，その締結が困難な状況になったため，本件説明書をきっかけに本件契約の定期建物賃貸借契約としての効力を否定するに至ったにすぎない」とも判示している），控訴審も同旨の判断をしたが，最高裁判所は，次のとおり判示し，原判決（控訴審判決）を破棄して第一審判決を取り消した。

「期間の定めがある建物の賃貸借につき契約の更新がないこととする旨の定めは，公正証書による等書面によって契約をする場合に限りすることができ（法38条1項），そのような賃貸借をしようとするときは，賃貸人は，あらかじめ，賃借人に対し，当該賃貸借は契約の更新がなく，期間の満了により当該建物の賃貸借は終了することについて，その旨を記載した書面を交付して説明しなければならず（同条2項），賃貸人が当該説明をしなかったときは，契約の更新がないこととする旨の定めは無効となる（同条3項）。

法38条1項の規定に加えて同条2項の規定が置かれた趣旨は，定期建物賃貸借に係る契約の締結に先立って，賃借人になろうとする者に対し，定期建物賃貸借は契約の更新がなく期間の満了により終了することを理解させ，当該契約を締結するか否かの意思決定のために十分な情報を提供することのみならず，説明においても更に書面の交付を要求することで契約の更新の有無に関する紛争の発生を未然に防止することにあるものと解される。

以上のような法38条の規定の構造及び趣旨に照らすと，同条2項は，定期建物賃貸借に係る契約の締結に先立って，賃貸人において，契約書とは別個に，定期建物賃貸借は契約の更新がなく，期間の満了により終了することについて記載した書面を交付した上，その旨を説明すべきものとしたことが明らかである。

そして，紛争の発生を未然に防止しようとする同項の趣旨を考慮すると，上記書面の交付を要するか否かについては，当該契約の締結に至る経緯，当該契約の内容についての賃借人の認識の有無及び程度等といった個別具体的事情を考慮することなく，形式的，画一的に取り扱うのが相当である。したがって，法38条2項所定の書面は，賃借人が，当該契約に係る賃貸借は契約の更新がなく，期間の

満了により終了すると認識しているか否かにかかわらず，契約書とは別個独立の書面であることを要するというべきである。」

---

⑥　平成25年1月23日東京地方裁判所判決
（LLI／DB判例秘書L06830197）

宅地建物取引業者が重要事項説明書によってする説明は，同書に「賃貸人である原告の代理人として同項所定の説明を行う旨の記載がなく」，法38条2項所定の説明書面に該当するものとは認められないとされた事例。

【事案】

平成17年3月23日，賃貸人（原告）と賃借人（被告）は，「定期店舗賃貸借契約書」と題する書面により，同年4月1日から平成19年3月31日までを契約期間とする賃貸借契約を締結した（この契約書には，本件賃貸借契約には契約の更新がなく，期間の満了により終了する旨の記載がある）。

ただし，契約締結の前の日である平成17年3月22日頃，賃貸人から委託を受けた宅地建物取引業者（会社）が，「重要事項説明書」と題する書面を作成し賃借人に交付して説明をしたが，これらとは別個に法38条2項所定の書面（説明書面）を作成することはしなかった。が，賃貸人（原告）は，当該賃貸借契約は定期借家契約であり，期間満了によって終了したとして建物の明渡しを求めて提訴した。

【判旨】

本判決は，「原告（注：賃貸人）は，A（注：宅地建物取引業者）に対して法38条2項所定の説明をする代理権を授与した事実及びAが被告に対して本件重要事項説明書を交付した事実を前提に，本件重要事項説明書は本件契約書とは別個独立の書面であり，法38条2項所定の書面に該当する旨，宅地建物取引業法35条の説

明と法38条２項の説明内容は全く同一であるから，宅地建物取引業者が作成する重要事項説明書に加えて別紙の説明書面まで作成，交付する必要はない旨主張する。

　しかしながら，本件重要事項説明書は，Ａが宅地建物取引業者として媒介取引を行うに当たり，宅地建物取引業法35条及び同条の２所定の事項を説明するために交付を義務づけられた書面であり，原告が賃貸人として交付することを予定した書面ではないところ，紛争の発生を未然に防止しようとする法38条２項の趣旨を考慮すると，本件重要事項説明書が同項所定の書面に該当するか否かは，当該書面に記載されていない事情を考慮することなく，もっぱらその記載内容に基づいて判断するのが相当である。そして，本件重要事項説明書には，本件賃貸借契約は契約の更新がなく，期間の満了により終了する旨の記載はあるものの，Ａが宅地建物取引業者としての説明ではなく，賃貸人である原告の代理人として同項所定の説明を行う旨の記載はなく，その記載内容に基づいて判断した場合，本件重要事項説明書は，原告が賃貸人として交付すべき同項所定の書面に該当するものとは認められないから，原告の上記主張は採用することができない。したがって，原告が，本件賃貸借契約の締結に先立ち，被告（注：賃借人）に対し法38条２項所定の説明をしたということはできない。」と判示して，賃貸人（原告）の請求を棄却した。

> ### ⑦　平成26年11月20日東京地方裁判所判決
> （Ｄ１-Law.com判例体系29043509）
>
> 　普通借家契約によって賃借していた居住用建物の老朽化に伴い，賃貸人から代替の借家が提供され，その際の契約が「定期借家契約」としてなされたが，契約締結時の説明が授権を明示されていない賃貸人の娘がなしたことや，賃借人が借家権喪失を補填し得るだけの補償を受けていないことから，定期借家契約の成立が否定された事例。

【事案】

昭和55年12月，被告は，原告の夫（旧賃貸人）との間で（本件借家契約の対象たる本件建物の向かいにある）旧建物につき普通借家契約を締結し，約33年にわたって居住していた。

旧建物が築50年を超えて老朽化したため，原告の夫（旧賃貸人）が死亡した後，原告は建て替えをしたく，被告に対して立ち退きを求めていたところ，原告の娘が被告に対し「旧建物を明け渡してくれれば，空き家となっている本件建物に居住してよい」「その際の引越費用（3万2,000円）は原告が負担し，家賃も13万円を12万円に減額する」等と説得した結果，原告と被告は，本件建物について契約期間3年（平成23年2月1日から平成26年1月31日）とする「定期借家契約」を締結した。

その約2年後，原告（賃貸人）が被告（賃借人）に対して終了通知を発送し，その後，契約期間の満了を理由に明渡しを求めたが，被告（賃借人）は，本件借家契約は，新築建物への再入居を前提としたものであるとして拒否したので，原告（賃貸人）が被告（賃借人）に対し建物の明渡しを求めて提訴した。

【判旨】

「ア）本件契約書及び本件説明書面については，宅地建物取引業者が，本件賃貸借契約の締結に当たり，本件賃貸借契約が定期建物賃貸借となる旨の説明については，宅地建物取引業者である有限会社Bが代行して行った旨の記載があるところ，実際には，有限会社Bは，本件契約書及び本件説明書面の作成を代行しただけで，本件賃貸借契約の締結には一切関与していない。

イ）原告の主張によっても，本件契約書及び本件説明書面に基づいて，本件賃貸借契約が定期建物賃貸借となる旨の説明を行った者は，賃貸人である原告本人ではなく，原告の娘であるAである。

ウ）原告の主張に沿う証人Aの供述によれば，旧賃借建物については普通賃貸借であったにもかかわらず，本件賃貸借契約が定期建物賃貸借として新たに締結

されることとなるが，これによって生じる借家権喪失を補填しうるだけの経済的合理性必要性を認めることができない。

　すなわち，被告は，本件賃貸借契約の締結は，旧賃借建物から本件建物への移転に伴うものであったが，この際，被告が受けた経済的給付等の利益は，引越費用，玄関先の塀の改造等とわずかであり（その他の移転補償は受けていない。）……，本件賃貸借契約を定期建物賃貸借に該当すると解すべき経済的条件を欠いている。…

　オ）被告が，本件契約書及び本件説明書面にした署名・押印行為について，本件建物への移転居住が新築建物への再入居を前提にした書面である旨を誤信した旨の主張については，これを裏付ける証拠は被告本人の供述以外にない。しかしながら，再入居の約定違背に関する被告の不満は，本件訴訟提起前の段階の公開質問状にも記載されており，被告の供述には一貫性が認められる。

　以上に説示したことに加え，定期建物賃貸借契約については，当該契約に係る賃貸借契約は契約の更新がなく，期間の満了により終了すると認識しているか否かにかかわらず，法38条所定の厳格な書面性を要すると解される最高裁判例（最一判・平成24年9月13日民集66巻9号3263号）に照らすと，……前記ア）及びイ）の要式性等の不備を看過しえないばかりか，さらに，前記ウ）ないしオ）の事実を併せ考慮すると，本件賃貸借契約は，定期建物賃貸借であると解することはできない。」

⑧ 平成27年2月24日東京地方裁判所判決
(Westlaw2015WLJPCA02248013)

　最初の定期借家契約（第1契約）終了後，再契約条件がまとまらないまま，事実上賃借人の占有が継続し，賃料の授受が継続した結果，普通借家契約（第2契約）の成立が認定された事例。

　そして，その後，定期借家契約において通常使用される契約書用紙及び説明書面用紙を使用してなされた賃貸借契約（第3契約及び第4契約）締結の際の説明は，①定期借家契約たることと実質的に矛盾する覚書の存在や②契約が継続していることを前提とする賃貸人の言動もあったために，いったん成立した普通建物賃貸借を終了させて新たに定期借家契約を成立させるために必要な説明としては不十分であり，借地借家法38条2項所定の「説明」があったとはいえず，定期借家契約は成立しないとした事例。

【事案】

○第1契約

　平成12年11月25日，A（賃貸人）と被告会社（賃借人）との間で，契約期間を同年12月1日から平成15年11月30日（3年）とする定期借家契約が締結され（第1契約），被告会社（賃借人）はここで調剤薬局を営んだ。

　説明書面の事前交付も為され説明もなされたが，これらとは別に，「店舗に係る代表者・従業員と貸主側及び近隣との間に争議，紛争がない場合には次回の契約を速やかに継続締結すること，不動産を取得している間賃貸借契約を継続するが，近隣及び貸主側と借主側との間に争議，紛争があった場合，第三者が介入せずに平和的に解決しないときは，契約期間満了時点で打ち切り，再契約しない」ことが覚書として合意されていた。

○第2契約

　第1契約の期間満了後である平成16年5月28日，A（賃貸人）は被告会社（賃借人）に対し，第1契約が期間満了によって終了したことを通知し，再

契約をするための条件を提示したが，条件で折り合いがつかずに事態が放置され，被告会社（賃借人）は占有を継続し，従来の賃料の支払いを続けた。これに対し，A（賃貸人）は被告会社（賃借人）に対し，同年11月頃，契約期間を平成18年11月末日であることを前提として，償却により不足する保証金の支払いを求めるなどした。

　その後，原告（Aの法定相続人）は，事態を収拾させるためAの代理人として，平成18年5月10日付で，事実上継続した第2契約が同年11月30日に期間が満了すること，再契約をするならば同年5月末日までに連絡するよう求めた。これに対し，被告会社（賃借人）は，同年7月29日付でA（賃貸人）及び同代理人原告宛てに再契約を依頼する旨の依頼書を送付した。

〇第3契約及び第4契約（本件契約）

　よって，平成18年11月30日，A（賃貸人）と被告会社（賃借人）との間で，契約期間を同年12月1日から平成21年11月30日（3年）とする定期借家契約が締結され（第3契約）たが，A（賃貸人）代理人原告は，被告会社（賃借人）に対し，契約書及び説明書面を示して，原告が期間，賃料，保証金について読み上げたほかは各自黙読しただけであった。

　その後（平成18年12月30日）Aが死亡し，これを相続した原告が，平成21年5月に終了通知を発送し，再契約するのであれば同年8月末日までに連絡するよう，その際不足する保証金を支払うよう求めたところ，平成21年11月30日，A（賃貸人）と被告会社（賃借人）は，第3契約とおおむね同様の方法で（同様の覚書も作成して），契約期間を同年12月1日から同24年11月30日（3年）とする定期借家契約を締結した（第4契約＝本件契約）が，平成24年3月14日頃，原告（賃貸人）は被告会社（賃借人）に対して終了通知を発送し，期間満了後，明渡しを求めて提訴した。

　なお，被告会社（賃借人）は，本件契約が定期借家契約であることを争うとともに，平成23年5月頃，被告会社（賃借人）は，薬局のレイアウト及び内装等を大幅に変更する工事代金約1,900万円の改装工事を行ったが，工事に着手する前に原告（賃貸人）に工事の実施を連絡し，原告（賃貸人）の了解を得たことを挙げて，原告（賃貸人）の明渡請求が権利濫用に該当する旨も予備的に主張した。

【判旨】

1　第1契約について

　覚書は，「……必ず再契約するというものではないとしても，定期建物賃貸借契約として原則として期間満了により賃貸借が終了することとは趣旨を異にするものであったといえる。……覚書の存在により，第1契約が借地借家法38条2項の要件を満たしていたのかについては疑問があるものの，これを欠いていたとまでいうことは困難であるというべきである。」として，定期借家契約としての効力を認めた。

2　第2契約について

　そして，本判決は，第2契約について，「……第1契約で定めた賃貸借期間が経過した後も，被告会社は本件賃貸部分の占有を継続して賃料の支払いを続けており，A（注：賃貸人）も本件賃貸部分の明渡しを求めることはなく，再契約の具体的内容を示して，被告会社（注：賃借人）の希望の有無を打診していたこと，その後，Aは，平成16年11月に本件賃貸部分について期間を平成18年11月末日までとする賃貸借契約が締結されていることを前提として，この賃貸借期間が満了する旨の通知をし，償却により不足する保証金の支払を求めていることに照らせば，Aと被告会社との間で，遅くとも平成16年11月ころまでに，本件賃貸部分について賃貸借契約（第2契約）が合意されたものと認めるのが相当である。」

　そして，第2契約の賃貸借期間について，Aが3年とすることを求めたのに対し，被告会社がこれに応じて再契約を希望するとの回答をしていたことは上記のとおりであり，Aの代理人として原告が平成18年11月30日に期間が満了するとの通知をしていること，原告自身，第1契約が期間を3年とする契約であったので，次の契約も3年であると考えていたことを考慮すると，少なくとも，A及び原告は，第2契約の賃貸借期間を，第1契約の賃貸借期間が満了した翌日である平成15年12月1日から平成18年11月30日までの3年間であると認識していたものと推測され，被告会社もAないし原告からの通知の内容を理解して，これを了承していたものというべきであるから，第2契約は，その賃貸借期間を平成15年12月1日から3年

間とするものであったと認めるのが相当である。

　そして，上記のとおり，Aの代理人として原告は，第2契約の期間満了により賃貸借が終了する旨の通知をしているが，第2契約が書面により契約されたものではなく，第2契約について，契約の更新がなく，期間の満了により賃貸借が終了することを説明する書面も交付されていないのであるから，更新がなく，期間の満了により賃貸借が終了することの合意もされておらず，定期建物賃貸借契約についての借地借家法38条所定の要件を欠くものであって，いずれの点においても第2契約は普通建物賃貸借契約として合意されたものというべきである。」と判示し，このことを前提にして，以下のとおり，第3契約及び第4契約が定期借家契約として合意されたものであることを否定した。

3　第3契約について

　すなわち，「第2契約は普通建物賃貸借契約であるから，借地借家法26条,28条により，約定の賃貸借期間が満了する1年前から6か月前までの間に更新しない旨の通知をし，当該通知に正当の事由があると認められる場合でなければ賃貸借が終了することはないのであって，Aの代理人として原告がした通知のみでは，第2契約による賃貸借は終了せず，この通知に正当の事由があったことを認めるに足りる証拠はないから，第2契約は，当初の賃貸借期間の満了後，更新されたものと認められる。

　したがって，第3契約が合意された平成18年11月30日の時点では，Aと被告会社との間に第2契約に係る普通建物賃貸借契約が継続していたから，更新に際し作成された契約書が，定期建物賃貸借に使用される契約書であって，その旨の説明書が交付されたとしても，そのことのみでは，第2契約の更新契約が定期建物賃貸借に変更されるものではない。

　そして，定期建物賃貸借が，普通建物賃貸借と比べ，契約の更新がなく，期間満了により賃貸借が終了する点で，賃借人にとって不利益であり，新たに定期建物賃貸借契約を締結する際にも借地借家法38条所定の要件を満たすことを要することを考慮すると，既に普通建物賃貸借が継続している賃貸人と賃借人との間で，

定期建物賃貸借の合意をするためには，賃貸人は，賃借人に対し，普通建物賃貸借を更新するのではなく，これを終了させ，賃貸借の期間が満了した場合には，更新がない点でより不利益な内容となる定期建物賃貸借契約を合意することの説明をしてその旨の認識をさせた上で，契約を締結することを要するものと解するのが相当である。」が，第３契約の締結は，「契約書及び説明書を示して，原告（注：賃貸人Ａの代理人）が期間，賃料，保証金について読み上げたほかは，各自黙読しただけであり，」覚書には「Ａと被告会社との間に争議，紛争がない場合には，次回の契約を速やかにすること，争議及び紛争があった場合で，第三者が介入せずに穏便に解決しない時には期間満了により終了するとの定めがあり……紛争が生じない限り賃貸借を継続することを合意していることと，被告代表者は，賃貸借契約が継続していると認識していたことを考慮すると，第３契約は，普通建物賃貸借である第２契約の更新契約として合意されたと解するのが相当であり……普通建物賃貸借であった第２契約を終了させて，新たに定期建物賃貸借として合意されたということはできない。」と判示した。次いで，

4　第４契約（本件契約）について

　本件契約についても，第３契約と同様の判断をし，加えて，「原告は，第３契約も本件契約も定期建物賃貸借であると主張しているにもかかわらず，他方で，本件覚書は，これまでの覚書がすべて継続していると認識していたというのであり，Ａの代わりに原告が作成した通知書でも契約が自動的に継続していると記載するなど，賃貸借契約が継続していることを前提とする言動をしていることが窺われ……」るし，「……本件覚書の内容は，一定の場合に再契約することを合意する内容であり，期間が満了することにより賃貸借契約が終了することを原則とするものといい難いことは上記のとおりである上，原告も，被告会社との賃貸借が継続することを前提とする言動をしていたことが窺われることも上記のとおりであって，これらの事情に照らせば，第３契約及び本件契約書及び説明書が，定期建物賃貸借に使用されるものであり，そのことを被告……が認識していたとしても，そのことのみでは，第３契約及び本件契約が，従前の賃貸借の更新契約

ではなく，新たな定期建物賃貸借として合意されたということはできない。」とし，「以上のとおり，本件契約は普通建物賃貸借であるから，借地借家法26条及び28条により，約定の期間が満了し，期間満了の1年前から6か月前までの間に更新しない旨の通知をしたことのみでは，賃貸借が終了しないのであり，期間満了により賃貸借の終了をいう原告の請求は，その余の点について判断するまでもなく理由がない。」として，原告の請求を棄却した。

⑨　平成27年6月9日東京地方裁判所判決
（D1-Law.com判例体系29021822）

契約締結日当日に説明書面が交付されたケースにおいて，借地借家法38条2項所定の「あらかじめ」の説明があったものと認め，その上で，契約期間中賃料の減額を請求することができない旨の特約の効力を否定すべき特段の事情が認められないとして，賃料減額請求が棄却された事例。

【事案】

　被告（賃貸人）は，被告所有地上に，パチンコ店として使用する建物を建設して同建物を賃貸することを企図し，原告（賃借人）との間で，建設協力金1億6,800万円を被告（賃貸人）に預託させ，内1億6,000万円を期間20年で均等返還しつつ，原告（賃借人）に対し，同建物を，賃貸期間20年，月額賃料1,000万円に建設協力金月額返還金を上乗せした額（ただし上乗せ分は前記均等返還額と相殺する）を賃料とする定期借家契約の予約契約を締結し，同建物建築後の平成22年6月11日，被告及び原告は，同予約契約に基づく定期借家契約を締結し，被告が原告に対して同建物を引き渡したが，賃料額を割高と考えた原告（賃借人）が，平成25年4月分以降の賃料を月額約646万円に減額する旨の通知をし，以後，同金額を支払って賃料減額の調停を申し立てた。

　しかし，調停は間もなく不成立となり，原告（賃借人）が賃料の減額を求

めて提訴したところ（その際，あらかじめの説明がないとして，定期借家契約であることも争った），被告（賃貸人）は，原告（賃借人）が一方的に賃料の減額を求めたこと等が信頼関係を破壊したとして本件賃貸借契約を解除し，建物の明渡しを求め，違約金の一部と賃料相当損害金の支払いを求める反訴を提起した。

【判旨】

1　本判決は，説明書面の「あらかじめ」の交付について，次のとおり判示した。

「原告は，書面による説明が賃貸借契約締結日よりも前の日になされることを要すると主張するが，条文の文言上（及び原告の主張と根拠とする判例上），そのことを明示するものはない。また，本件においては，賃借人の募集段階から一貫して本件賃貸借契約を定期建物賃貸借契約とする前提で契約に至っていること，本件予約契約の段階で本件交付書面と同旨の書面が原告に交付されていることを合わせて考慮すると，本件賃貸借契約締結日当日に本件交付書面を交付したとしても，あらかじめ説明をした上で書面を交付していると認めることができる。」

2　次いで，賃料を減額しない旨の特約について，次のとおり判示して，原告（賃借人）の請求を棄却した。

「……本件賃貸借契約が定期借家契約であると認めることができる。したがって，賃料を減額しない旨の約定は有効であり，原則として，借地借家法32条１項による賃料減額請求は認めることはできない。もっとも，借地借家法38条７項により同法32条１項の適用があらゆる場合においても排除されるわけではなく，経済情勢の大幅な変動等による貨幣価値の大幅な変動等定期建物賃貸借契約締結時において，契約当事者間において想定しえない事態が生じた場合であって，賃料を増減額することが契約当事者間の衡平に資する等特段の事情がある場合には，定期建物賃貸借契約であっても賃料の増減額を請求することができると解するのが相当である。原告は，平成23年の東日本大震災により営業上の利益が当初より減少

したことを理由に賃料減額を求めているが，これを裏付ける証拠はなく，仮にそうであったとしても，原告側の事情に過ぎないであって，上記特段の事情があると認めることはできない。」

3　他方，必ずしも信頼関係は破壊されていないとして，被告（賃貸人）による反訴も棄却された。

※参照条文
○借地借家法32条１項
　「建物の借賃が，土地若しくは建物に対する租税その他の負担の増減により，土地若しくは建物の価格の上昇若しくは低下その他の経済事情の変動により，又は近傍同種の建物の借賃に比較して不相当となったときは，契約の条件にかかわらず，当事者は，将来に向かって建物の借賃の額の増減を請求することができる。ただし，一定の期間建物の借賃を増額しない旨の特約がある場合には，その定めに従う」
○借地借家法38条７項
　「第三十二条の規定は，第一項の規定による建物の賃貸借において，借賃の改定に係る特約がある場合には，適用しない」

⑩　平成28年６月28日東京地方裁判所判決
（LLI／DB判例秘書L07131452）

　契約期間を３か月とする定期借家契約が一回なされ，このときには面談による説明がなされたが，再契約の際には（契約書とは別個の説明書面が交付され同書確認欄に署名捺印を得たものの），面談による説明が省略されたケースにおいて，法38条２項の求める説明があったと評価できるとされた事例。

【事案】

　①被告会社（医院の経営管理業）は，原告（賃貸人，不動産事業）が実施する入居審査を経た後，原告との間で，本件貸室につき，平成26年12月13日，

同日から平成27年3月12日まで契約期間を3か月とする「定期建物賃貸借契約書A」を作成し，原告は説明書面Aを交付し，面談の上口頭でも説明をし，被告代表者は同書面の確認欄に署名押印した。

②被告会社と原告は，同日，契約期間を同一とする駐車場使用契約（普通賃貸借契約）も締結したが，同契約には「本件貸室に係る定期借家契約が解約又は解除になった場合は，本契約も同時に効力を失う」旨の条件が付いた。

③次いで，平成27年3月12日，被告会社（賃借人）と原告（賃貸人）は，再契約することとし，初回と同様の入居審査を経た上で，同月13日から6月12日まで契約期間を3か月とする「定期建物賃貸借契約書B」と説明書面Bを作成したが，電子メールで段取りを連絡しあった上，書類は「フロントに預ける・預け返す」という形で為され，面談の上での説明は省略された。そして，この際，駐車場使用契約は，平成27年3月13日から1年間更新された。

④3回目の契約も，同様の手順で始まったが，2回目の契約中に駐車場使用料等の支払いが遅れたこと等が影響したのか（判決上，理由は不明である），入居審査に通らなかったため再契約には至らず，その後，原告が被告会社に対し，契約終了に基づく明渡しを請求した。

【判旨】

本判決は，借地借家法38条2項所定の書面（説明書面）は，「契約書とは別個独立の書面であることを要するところ（最高裁平成24年9月13日第一小法廷判決・民集66巻9号3263頁），本件説明書Bは，賃貸借契約書面である本件契約書Bとは別書面であり，上記書面（注；説明書面）の要件を具備しているものと認められる。」とし，また，上記事案の経緯①②③を認定した上で，「これらの経緯からすれば，原告は，本件契約Bについては，更新がなく，3か月の期間で終了する定期建物賃貸借契約であることの説明をしていたといえ，被告代表者もこれを了解して契約を締結したものと認められる。」とし，面談をした上での説明がなされていないとの被告らの主張に対しては，「確かに被告らが主張するとおり，面談をして説明をする方が，賃借人において，更新がなく期間満了で終了することが理解しやすく，契約を締結するか否かを決定する情報提供の方法とし

ては適切なものとはいえる。しかしながら，本件契約Ｂにおいては，面談での説明はなかったものの，」上記事案の経緯①②③「に照らせば，更新がなく期間満了で終了することが被告代表者において十分了解可能な程度に原告から説明がなされていたと評価できる」「……以上によれば，本件でなされた説明が，借地借家法38条２項に基づく説明と評価でき，そうであれば，本件貸室について，本件契約書Ｂに記載された内容の定期建物賃貸借契約である本件契約が有効に成立したものと認められる」ので同契約は期間満了によって終了したとして，原告の請求を認容した。

---

⑪　平成29年３月27日東京地方裁判所判決
（Ｄ１-Law.com判例体系29046663）

契約締結日と同じ日の契約締結前に説明書面を交付して説明したとの賃貸人（原告）の主張に対し，説明書面が契約締結日の翌日以降に交付された事実が認定され，借地借家法38条２項の規定による説明がなかったとして定期借家契約の成立が否定され，賃貸人（原告）の明渡請求が棄却された事例。

【事案】

平成15年９月から３年契約で締結した普通借家契約が２度更新された後，旧賃貸人が本件賃貸建物を売却した。その後，買主（新賃貸人，原告）が賃借人（被告）に協議を申し入れた結果，平成22年12月14日付で「定期建物賃貸借契約書（事業用）」が作成された（同契約書は同日，被告が署名し実印を押捺して作成された）が，被告（賃借人）の主張によれば，契約締結の際，原告（賃貸人）代表者は，賃貸借契約が期間の満了によって終了し更新がない旨の説明をなさず，かえって被告（賃借人）が「５年経ったときはどうなるのですか」と尋ねたのに対し「その時にお話ししましょう」と答えたとのことであった。

Part2
定期借家契約をさらに知ろう

また，説明書面は契約締結日には作成されず，その翌日以降に，原告（賃貸人）の従業員が用紙を持参し，「形式的に必要なのでこの署名押印してほしい」旨言われたので，被告（賃借人）は言われるままに署名し，認め印を押捺したとのことであった。

　　このような事案において，原告（賃貸人）が被告（賃借人）に対し，期間満了による明渡し等を求めて提訴し，被告（賃借人）は，本件契約が定期借家契約であることを争って棄却を求めた。

【判旨】

　「……しかし，本件契約書には被告の実印が押印されているのに対し，本件説明書面には被告の認め印が押印されているから，これによれば，本件契約書と本件説明書面が別の機会に作成されたことが推認される。これに対し，D（注：原告の従業員）及び原告代表者は，本件説明書面を被告に交付して説明した状況について，平成22年12月14日に本件店舗において被告に対して本件契約書と本件説明書面の双方を示し，契約内容の説明を行い，本件契約書に被告が署名し実印を押印した後に，被告がお茶を出したり原告代表者がトイレを借りたりし，その後に，被告が本件説明書面に署名し，認め印を押印した旨陳述並びに証言及び供述するが，本件契約書及び本件説明書面に被告の署名押印を求めたのであれば，その双方に署名押印しなければ手続は完了しないのであり，その途中で一息入れるというのは不自然というほかない。

　　また，証人D及び原告代表者は，不動産業者であるから，本件契約書及び本件説明書面についてそれぞれ別の印章が押印されれば，同一の機会にこれらを作成したことが争われる可能性があるのであるから，本件契約書に実印が押印されている以上，本件説明書面にも実印の押印を求めたはずであるが，D及び原告代表者のいずれもこれをしていない。

　　そして，原告が被告に対して交付した「定期建物賃貸借契約終了についての通知」には，被告が署名押印する欄の上に，被告が確認した日付を自署しているから，本件説明書面が平成22年12月14日に作成交付されたのであれば，被告も被告

の署名押印欄の上にある日付欄にその旨記載したはずであるが，本件説明書面の上記日付欄は空欄となっている。以上によれば，原告の前記主張に沿う前記証拠を直ちに採用することはできない。したがって，原告の前記主張を採用することはできない。

以上によれば，原告は，被告に対して借地借家法38条2項の規定による説明をしなかったものといえるから，本件定期借家契約のうち契約の更新がないこととする定めは無効となる（借地借家法38条3項）。」

⑫ 平成29年6月14日神戸地方裁判所判決
（D1-Law.com判例体系28254050）

最初の定期借家契約締結の際，賃貸人から委託を受けた者が賃借人と面談をした上で書面による説明をすれば，実質的に同一当事者間において別の建物に係る定期借家契約が締結される際の説明や，これらの契約が終了した後の再契約の際の説明は，賃借人が宅地建物取引士であることも勘案すれば，面談を省き郵送によることが可能であるとした事例。

【事案】

①被告（＝被告会社代表者，宅地建物取引士）は，原告（賃貸人）との間で，建物Aにつき，平成19年3月30日，賃貸期間を同年4月1日から1年間とする定期借家契約Aを締結し，この際には，管理を委託する会社従業員が被告に対して面談をし，説明書面を交付し，これに基づく説明をしたが，②被告会社と原告（賃貸人）との間で，建物Bにつき，平成21年11月30日頃，賃貸期間を同年12月1日から1年間とする定期借家契約Bを締結した際，③被告会社と原告（賃貸人）との間で，建物Cにつき，平成22年1月29日頃，賃貸期間を同年2月1日から1年間とする定期借家契約Cを締結した際，及び，④上記各契約終了後（いずれの契約についても，終了半年前までに終了通知が送付されている。再契約終了の際もまたしかり）に再契約，再々契約をする際には，管理会社従業員は被告らに電話をした上で，新たな契約に必

要となる契約書と説明書面を郵送し，それぞれに署名捺印または記名捺印を
求め，これら各書類の返送を得ていたため，管理会社従業員による面談は省
略されていた。

　　以上の経緯の後，原告（賃貸人）は被告会社に対し，平成26年5月14日頃，
定期借家契約Bが期間満了により終了する旨を通知し，同年7月3日頃，定
期借家契約Cが期間満了により終了する旨を通知し，同年9月12日頃，原告
（賃貸人）は被告に対し，定期借家契約Aが期間満了により終了する旨を通知
し，各期間満了後，各建物の明渡しを求めて提訴した。

【判旨】

　「法定説明は，客観的にみて，当該契約の相手方となる個々の賃借人において，
当該契約に更新がなく期間の満了により契約が確定的に終了するものであること
を理解し得る程度に行われることを要し，かつ，それをもって足りるというべき
である。当該賃借人が現実に理解したことの確認までは要しない。

　前記認定事実によれば，本件賃貸借契約ABCの締結の際に交付された定期建物
賃貸借契約についての説明と題する書面の中に，契約期間が明示され，当該契約
は更新がなく，期間の満了により終了すること，新たな賃貸借契約（再契約）を
締結する場合を除き，建物を明け渡さなければならないこと等の定期建物賃貸借
についての説明文言が記載されていたことが認められる。この記載は，法38条2
項において求められる説明の内容として適切なものであるといえる。そして，原
告は，本件賃貸借契約ＡＢＣのいずれにおいても，契約締結の際に上記定期建物
賃貸借契約についての説明と題する書面を被告会社又は被告の下に郵送し，被告
らはこれに記名押印をした書面を返送していることが認められるから，同人らは
同書面を閲読することにより，その内容を理解する機会を与えられていたといえ
る。

　さらに，本件賃貸借契約BCの賃借人である被告会社の代表者であり，同契約A
の賃借人自身である被告は，いずれも本件駅・飲食店街の店舗である本件各建物
に係る定期建物賃貸借契約のうち，少なくとも最初となる本件A建物の契約締結の

際には，原告の担当者から面談の上で上記定期建物賃貸借契約についての説明を口頭で受けており，その後に本件BC建物に係る定期建物賃貸借契約を被告会社の代表者として締結したものである。

　また，本件ABC建物に係る定期建物賃貸借契約は，以後，１年ごとに実質的に同じ内容の再契約が繰り返されている。加えて，前記前提事実のとおり，被告は，宅地建物取引業者の免許を受けた被告会社の代表取締役を務める者であり，自らも宅地建物取引士の登録をしている者であって，不動産の賃貸借契約に関して相応の知識を有している者であると認められる。これらからすると，本件賃貸借契約ABCの締結に当たり，上記書面による説明ではなお賃借人に対する説明が不十分であると認められるような事情もうかがわれない。」また，「被告会社や被告の属性を補充的に考慮することは，許されるというべきである。」と判示した。

---

⑬　平成29年11月22日東京地方裁判所判決
（D１-Law.com判例体系29046197）

　期間満了後，賃貸人が異議を述べず，２年８か月にわたって従来と同額の賃料を受領していた場合において，黙示の普通賃貸借契約が成立したとされた事例。

【事案】

　賃貸人（原告）と賃借人（被告）は，平成15年９月１日から平成23年８月31日までを賃貸期間（８年）とする定期借家契約（契約終了にもかかわらず明渡しをしない場合，賃料の３倍の額を損害金として請求できる旨の特約あり）を締結したところ，期間満了の約７か月半前である平成23年１月13日，賃貸人（原告）が賃借人（被告）に対し，「平成23年８月31日をもって契約が終了する」旨の終了通知をしたが，賃貸人（原告）が委託していた管理会社は，期間満了後も従来とおりの賃料額の請求を続け，賃借人（被告）はこ

Part2
定期借家契約をさらに知ろう

の請求に応じて，平成26年４月末まで（期間満了後２年８か月）賃料を支払い続けた。その後，賃貸人（原告）が賃借人（被告）に対し，定期借家家契約終了に基づき建物の明渡し等を求めて提訴した。

【判旨】

　本判決は，普通建物賃貸借契約が成立したか否かについて，次のとおり判示した。

　「この点，借地借家法38条１項は，定期借家契約において，借地借家法26条に基づく更新がないこととする旨の定めを置くことできる旨規定するにとどまり，民法619条に基づく新たな賃貸借契約の成立を排除していない。そして，定期借家契約の終了通知をした場合において，賃貸人がいつでも明渡請求できるとすることは，建物を使用継続する賃借人の地位をいたずらに不安定にするものであって，定期借家制度がそのような運用を予定しているとは解し難い。

　以上に照らし，期間満了後も賃借人が建物の使用を継続し，賃貸人も異議なく賃料を受領しているような場合には，黙示的に新たな普通建物賃貸借契約が締結されたものと解すべきである。前記……のとおり，原告は，Ａ社（注：委託先管理会社）を介して，平成23年１月13日に本件通知により本件定期借家契約の終了を通知したものの，同通知送付後は，平成26年５月８日付け通告書を被告会社に送付した平成26年５月８日までの間，賃借人の建物使用に対し，再契約についての交渉を試みるにとどまり，使用継続に対する異議を述べておらず，本件建物の管理を原告から任せられていたＡ社も，本件定期借家契約の期間満了前における賃料等額と同額の賃料等の請求を平成23年９月以降も継続し，これを受領していたことに照らせば，原告と被告会社の間では，黙示的に新たな普通賃貸借契約が締結されたものというべきである。

　原告は，賃料等を請求した事情として，新たな再契約に応じようとせず，かといって本件建物を明け渡そうとしない被告会社に対し，大事になることを避けつつ，自己の損失をできる限り抑えようとした結果にすぎない旨主張するが，上記

の認識も，原告が異議なく賃料を受領していたとの評価を左右するものとはいえない。」

Part3

定期借家契約の
今日的活用を考えよう

ここまで，定期借家契約についてのQ&A（Part１）
や解釈（Part２）で，これまでに生じた定期借家契
約をめぐる問題を見てきました。ところで，日本の
建物については，今日「民泊」「老朽化」「空き家」
などの新しい問題が生じています。こうした新しい
問題に対する解決方法として定期借家制度を活用す
ることはできないでしょうか。
本Partでは，その活用方法を考えてみます。

Part3

第**1**章 「民泊」と「定期借家契約」

1 「民泊」とは？

⑴ 「民泊」の概念

　「民泊」という言葉に厳密な法律的定義があるわけではありませんが，一般的に，ホテルや旅館など正規の宿泊施設ではなく，一般家庭や民家で旅行者を受け入れる場合に，正規の宿泊施設に対置する用語として「民泊」という言葉が用いられます。

　昨今，日本への外国人観光客の増加に伴い何かと話題になっている「民泊」ですが，「民泊」は従来から存在する概念です。

　「民泊」へのアクセス方法として代表的なのは，「Airbnb」というインターネットサイトです。少し検索すれば，非常に多くの宿泊施設が登録されているのがわかります。

⑵ 規制談話の推移と現状

　近年，従来の厳しい旅館業法下におけるホテルや旅館など正規の宿泊施設では増加する外国人観光客の宿泊需要に対応し切れなくなったことから，国家戦略特別区域の成立を皮切りに，「民泊」は規制緩和が進みました。その結果，「民泊」は現在は次の３つの法的形態が主流です。

① 国家戦略特別区域法（いわゆる「特区民泊)」

2013年12月に国家戦略特別区域法が成立し，これに呼応する形で，関西国際空港を擁する大阪府（同年10月成立，2016年4月施行)，羽田空港を擁する東京都大田区（2015年12月成立，2016年1月施行)，大阪府条例にて除外されていた大阪市（同年1月成立，10月施行）にて次々と「民泊条例」が成立しました。

さらに2016年10月には，それまでネックであった「6泊7日以上」という最低宿泊日数要件を「2泊3日以上」に緩和する政令が閣議決定され，大幅に利用可能性を増やしています。

② 旅館業法自体の規制緩和（いわゆる「民宿」)

2016年4月には旅館業法自体の規制も緩和され，簡易宿所がより容易に営業できるようになりました。

営業許可要件である客室延床面積（33㎡以上）の基準が改正され，一度に宿泊させる宿泊者数が10人未満の施設の場合には，宿泊者1人当たり面積3.3㎡に宿泊者数を乗じた面積以上で許可を受けられるようになり，玄関帳場等（いわゆるフロント）の設置が不要となりました。

③ 住宅宿泊事業法の成立（いわゆる「新法民泊」)

2017年6月には住宅宿泊事業法が成立（2018年6月15日施行）し，「1年間に180日以内」という宿泊日数要件を満たせば，従前の規制下では営業ができなかった住宅専用地域における営業が可能となりました。

ただ，「1年間に180日以内」という宿泊日数要件は，残りの約180日は当該住宅をどのように利用すればよいのかという経営上の悩みを生じさせることが多く，さらなる規制緩和が期待されるところです。

2 「民泊」と「定期借家契約」

　まさに過渡期にあり話題の「民泊」ですが，運営されるにあたっては各種法的規制の遵守が大前提です。

　本書のテーマである「定期借家」との関係では，「民泊」の宿泊施設となる建物に適法な利用権を設定するにあたって，「定期借家契約」が非常に便利なツールとなり得るということが挙げられます。

　すなわち，あなたが不動産を所有していて，そこで「民泊」を運営しようとしたとき，もちろん自分で「Airbnb」などのインターネットサイトに登録することは可能なのですが，多くの場合，一定の代行業者の力を借りることになるでしょう。インターネット上で外国人に対し英語や写真を駆使して当該不動産の魅力を十分に伝えるには，それなりの技量が必要とされますし，何よりも宿泊施設としての管理を自分で行うのは大変だからです。

　代行業者との契約内容は様々であり，まさしく発展途上とも言うべき現況ですが，仮にサブリースのような形で代行業者に対して当該不動産の賃借権を設定する場合には，「定期借家契約」が最適といえるでしょう。

　宿泊施設としての利用は通常1週間からせいぜい数か月という短期ですし，予約を受け付けるといってもせいぜい半年先までででしょうから，契約期間を1年から数年とする「定期」性に馴染みます。大切な不動産を賃貸に出してしまうことの不安の大部分は，「必ず定期で返還される」という性質によってカバーされます。

賃料は，定額としてもよいですし，一部を売上比例としてもよいかもしれません。また，不特定多数が利用することになり，人気が出ない物件は超短期間で終了してしまうことも考えられることから，原状回復に関しては綿密な定めが必要となるでしょう。

　あなたが代行業者である場合にも，代行契約内容の選択肢の1つとして「定期借家契約」を準備しておくことは，不動産所有者に対する強力なアピールになることでしょう。

　不動産所有者に対し「必ず定期で返還される」という安心感を与えられることはもちろん，単なる業務受託を超えて賃借人となることでより主体的な「民泊」運営が期待でき，定期借上げにより原価を抑えられ，より手広く安定的に多くの物件を取り扱うことが可能になるからです。

第2章 借家の老朽化と耐震性能の欠如・不足問題と定期借家契約

1 はじめに

1995年1月17日に発生した阪神・淡路大震災，さらには2011年3月11日に発生した東日本大震災を契機として，老朽化した建物の耐震性が社会的に大きな関心を呼ぶことになりました。

2つの大震災の際に，1981年改正前建築基準法のいわゆる旧耐震基準によって建築された多くの建物については，建物の耐震性不足による倒壊等によって，多くの人の生命を失わしめるとともに，多くの人の身体・財産の安全をおびやかすに至りました。

この点，当該建物が借家である場合には，家主の管理責任を問われることもあり，近時，建物の耐震性の欠如・不足と借家における正当事由の存否との関係が争点となる紛争が増加しています。

2 普通借家契約の正当事由について

わが国の借地借家法の下で，普通借家契約においては，解約申入れにおける「正当事由制度」が採用されていることは，既述のとおりです。

すなわち，建物の賃貸人による解約の申入れまたは更新拒絶の通知に契約終了の効果を発生させるには，これらの申入れまたは通知に「正当事由」が必要とされています。

　この「正当事由」の有無の判断にあたっては，

① 　建物の賃貸人及び建物の賃借人が建物の使用を必要とする事情

② 　建物の賃貸借に関する従前の経過，建物の利用状況及び建物の現況

③ 　建物の賃貸人が建物の明渡しの条件としてまたは建物の明渡しと引換
　　えに，建物の賃借人に対して財産上の給付をする旨の申出をした場合に
　　おけるその申出を考慮して行うこと

とされています（借地借家法第28条）。

　この点，従来の判例では，上記①を主たる要素とし，上記②及び③は従たる要素として考慮すべきであり，特に上記③（いわゆる立退料の提供の申出）については，それ自体が正当事由を基礎づける事実となるものではなく，他の正当事由を基礎づける事実が存在することを前提に，当事者間の利害の調整を果たすものとして，正当事由を補完するに過ぎないものであると考えられていました。

　しかし，先に述べた阪神・淡路大震災，東日本大震災による建物倒壊に伴う多数の生命，身体，財産の被害の実情等に鑑み，上記②の要素，とりわけ建物の現況について，賃貸建物の耐震性能の欠如又は不足の事実が，賃貸人側の明渡しの必要性を肯定する正当事由の重要な要素として考慮されるに至っています。

　この点に関する判例としては，近時，以下のようなものがあります。

(1)　東京地方裁判所立川支部平成25年3月28日判決（判例時報2201号80頁）

　本件は，建物の耐震性能等に関する関係法規等から耐震性が問題とされた集合住宅用建物について，耐震改修工事を断念し除却する旨を決定した原告が，本件建物の賃借人である被告らに対し，賃貸借契約終了に基づき建物の

明渡しを求めた事案で，原告の更新拒絶に正当事由があると認められた事例です（立退料の支払いは不要とされました）。

【判旨】

　　本件号棟は，耐震改修をしない限り耐震性に問題があるところ，かかる場合に，どのような方法で耐震改修を行うべきかは，基本的に建物の所有者である賃貸人（原告）が決定すべき事項であり，その結果，耐震改修が経済合理性に反するとの結論に至り，耐震改修を断念したとしても，その判断過程に著しい誤びゅうや裁量の逸脱がなく，賃借人に対する相応の代償措置が取られている限りは，賃貸人の判断が尊重されてしかるべきである。

　　以上検討したところによれば，耐震性に問題があり，経済合理性の観点から耐震改修工事が困難である本件号棟について，これ以上賃貸借契約を存続させることは相当でなく，本件更新拒絶には正当事由があるから，本件各契約は，いずれもその満了日の経過をもって期間満了により終了したというべきであり，原告は，被告らに対し，賃貸借契約の終了に基づき，本件号棟の各号室について，明渡しを求めることができる（下線は筆者による）

(2)　東京地方裁判所平成28年３月８日判決（LLI／DB判例秘書登載）

　本件は，原告（建物賃貸人）が被告（賃借人）に対して，解約申入れから６か月を経過したことにより賃貸借契約が終了したと主張して，居住用建物の明渡しを求めた事案で，裁判所が，原告の解約申入れには正当事由が認められるとして，100万円の立退料の支払と引換えに本件建物の明渡しを求める限度で請求を認容した事例です。

【判旨】

　　耐震調査・計画報告書及び弁論の全趣旨によれば，本件家屋は昭和37年築の木造２階建てであるところ，平成27年８月ころの耐震調査の時点の本件家屋の上部構造評点は0.16（最小値，最大値は0.35）であって，大地震動によって倒壊する可能性が高いこと，これを大地震動によって一応倒壊しない程度

に耐震改修工事をするためには1,194万円程度を要すること，上記工事に対する新宿区の補助金額は300万円を超えないことが認められる。

　そうすると，本件解約申入れ時点においても，本件家屋の使用を継続する場合には耐震改修工事が必要となるものであったというべきであるが，本件家屋が築50年以上を経過していたことや，その賃料水準を考慮すれば，本件家屋に対して上記のような費用を投じて改修工事を行うことが経済的合理性を有するものであったとは認められない。

　以上の事情を総合すれば，原告による本件解約申入れには必要性，合理性があるといえ，移転に伴う被告の不利益についても原告が立退料の支払を申し出ていることを考慮すれば，本件解約申入れには正当事由が認められるというべきである。

　そして，原告が被告に対して支払うべき立退料の額については，原告の主張する立退料の算定根拠に合理性があると認められること，被告が立退料の額について具体的な主張をしていないことからすれば，原告の提示する100万円と認めるのが相当である（下線は筆者による）

(3)　東京地方裁判所平成24年8月27日判決（LLI／DB判例秘書登載）

　本件は，原告が，その所有する店舗用建物の一室を賃借している被告に対し，建物の耐震性能不足・老朽化・再開発計画等を理由とした賃貸借契約の解約申入れにより同契約は終了したとして本件貸室の明渡し等を求めた事案です。

　裁判所は，原告の本件貸室明渡し事情には相応の理由があり，被告の移転につき相応の立退料の支払いにより本件賃貸借契約解約の正当事由はある等として，認定した769万2,486円の立退料の支払いと引換えに本件貸室明渡し等を認めました。

【判旨】

　本件建物は，建築から50年以上が経過しており，外見上，東側外壁面のコ

ンクリートに，浮き・剥離が見られるほか，樋等の変形や劣化，建物内外部のひびわれが散見される状態であり，また，コンクリート中性化調査では，調査箇所の80％で中性化深さがコンクリートのかぶり厚さの基準値を超えていて鉄筋がさびやすい環境になっていると推測されている。また，本件建物の耐震性能は，Is値が，Ｘ方向（南北方向）正加力（北→南）に対して１階と２階が，同方向負加力（南→北），Ｙ方向（東西方向）正加力（西→東）及び同方向負加力（東→西）に対して１階ないし３階が構造耐震判定指標0.6を下回っており，震度５強以上の地震が発生した場合，本件建物が中破する可能性は高く，場合によっては大破する状況も想定される。さらに，これを踏まえた耐震補強工事及び保全改修工事の概算費用は，耐震補強について1,300万円，保全改修について5,600万円ないし5,800万円（工期４か月）を要するものであり，原告提出の鑑定評価書，被告提出の調査報告書のいずれにおいても本件建物の再調達価格が約7,100万円とされていることからすれば，耐震補強のみを行うとしても再調達価格の約２割，コンクリートの中性化対策やひび割れ補修など建物の保全に必要な費用を含めれば再調達価格に匹敵する支出が必要となる。

　<u>本件建物がすでに建築後50年を経ていることからしても，建物所有者である原告が，再調達価格に比して高額な負担をして，耐震補強及び保全改修工事を行って，現状の本件建物を維持するのは，競合する物件との競争力の観点からも必ずしも推奨されるものではなく，原告が建替を選択する場合には，当該選択には合理性があるものというべきである</u>（下線は筆者による）

⑷　東京地方裁判所平成20年４月23日判決（判例タイムズ1284号229頁）

　本件は，賃貸人である原告が，賃借人である被告ら５名に対し，⑴主位的に，所有権及び賃貸借契約終了（信頼関係破壊を理由とする解除）に基づき，⑵予備的に，借家法（1921年法律第50号）１条の２に基づく解約申入れによる賃貸借契約終了に基づき，居住用建物の明渡し等を求めた事案です。

　裁判所は，原告による賃借人５名への立退料合計1,380万円（内訳：850万円，240万円，240万円，50万円，０円）の支払いを正当事由の補完事由とし

て，老朽化した建物の解約申入れに基づく明渡請求を認容しました。

【判旨】

> 本件建物は，築約80年の木造建物であり，建物に傾きが認められるなど，建物の基礎及び躯体に，補強工事などでは対応できない相当の経年劣化が認められ，耐震及び防火上，危険な建物であるということができ，本件建物を取り壊して新たに建物を建築することが，防災上の観点から必要であるというべきである。また，本件建物は，遅くとも数年後には朽廃に至り，取壊しを免れない状況に達することが予想される。
>
> 現況において，本件建物が不動産の有効利用を阻害していることは否めないのであり，本件建物を取り壊した上，新建物を有効利用することが，社会経済的に有益であるというのが相当である

以上のように，最近の判例の一般的な傾向として，建物老朽化による耐震強度不足等で建替え等の必要がある一方で，修繕の費用対効果に問題がある場合には，賃借人の必要性，立退料の支払いの有無等の事情を考慮の上で，「正当事由」が認められることが多くなってきているといえます。

このように，借家契約における正当事由に関係する諸要素・事情の考慮のあり方，正当事由の判断基準は，借家をめぐる時代の要請に応じて変化してきており，最近のその重要な1つが建物の老朽化等による耐震性能の欠如または不足という事情になります。

3 耐震性能の欠如・不足と定期借家契約の利用方法

(1) 震災と賃貸人の責任

耐震性能の欠如・不足した建物の賃貸人は，万が一の倒壊等の場合の管理責任リスクを負担することになります。

この点については，阪神・淡路大震災の建物倒壊についての以下の裁判例があります。

■神戸地方裁判所平成11年９月20日判決（判例時報1716号105頁掲載）

　本件は，阪神・淡路大震災により賃貸マンションの１階部分が倒壊し，１階部分の賃借人が死亡した事故について，マンションの設置の瑕疵が認められ，建物所有者（賃貸人）の土地工作物責任が肯定され，建物所有者（賃貸人）に約１億2,800万円の損害賠償義務を認められました。

【判旨】

> 　本件建物は，結局は本件地震により倒壊する運命にあったとしても，仮に建築当時の基準により通常有すべき安全性を備えていたとすれば，その倒壊の状況は，壁の倒れる順序・方向，建物倒壊までの時間等の点で本件の実際の倒壊状況と同様であったとまで推認することはできず，実際の施工の不備の点を考慮すると，むしろ大いに異なるものとなっていたと考えるのが自然であって，本件賃借人らの死傷の原因となった，一階部分が完全に押しつぶされる形での倒壊には至らなかった可能性もあり，現に本件建物倒壊によっても本件地震の際に本件建物一階に居た者全員が死亡したわけではないことを併せ考えると，本件賃借人らの死傷は，本件地震という不可抗力によるものとはいえず，本件建物自体の設置の瑕疵と想定外の揺れの本件地震とが，競合してその原因となっているものと認めるのが相当である

　このように耐震性の欠如・不足した借家は，賃貸人にとって大いなるリスク・不安であるとともに，賃借人にとっても，耐震性能の欠如・不足した建物に入居することは，自らの生命・身体・財産に大いなる不安，危険を伴うこととなります。

(2)　定期借家契約の有効な利用方法

　このような賃貸人と賃借人間の利害調整の１つとして，定期借家契約の有

効な利用方法を考えてみます。

① 新規契約による方法

まず，耐震診断の結果，いまだ耐震性能の不足の程度が，建物の建替えや耐震改修工事を必要とするとまで直ちにいえない建物についても，今後の建物の老朽化等を勘案した上，不動産の有効利用としてあくまで一定の期間のみの賃貸借を行うことが考えられます。

その場合に，当該建物の状況等を踏まえて，たとえば，一定の期間（3年とか5年）にて，定期借家契約を結ぶことが有用と考えられます。

② 契約切替えによる方法

次に，賃貸人より賃借人に対する借家建物の耐震性能の欠如・不足による明渡し要求（解約申入れあるいは更新拒絶の通知）に対して，賃借人がこれを拒み紛争になっている場合には，現実的な1つの妥協案として，一定の立退期限を定めた定期借家契約を締結する方法が考えられるでしょう。

ただし，「良質な賃貸住宅等の供給の促進に関する特別措置法」附則第3条により，2000年3月1日より前になされた居住用建物の賃貸借については，普通借家契約を合意解約の上，同一賃貸人との間で新規に定期借家契約に切り替えることはできません。

もっとも，2000年3月1日以後に賃貸借契約を締結して入居している賃借人との間では，普通借家契約を解約し，一定の期間（たとえば1年とか2年）の定期借家契約へ切り替えることは可能です。

また，この点，居住用ではなく，事業用等の建物賃貸借については，従前より，定期借家契約への切替えが認められているので，契約を切り替えて，一定の期間の定期借家契約を締結の上，一定の期間経過後に明渡しを受けることが考えられます。

③ 空き家問題対策

その他，近時，社会問題となっている老朽化した空き家問題への有効な対応として，建物の現況に対応した定期借家契約の有効利用が考えられること

は別項のとおりです（第3章②（192ページ）参照）。

　特に，前述のように，当該空き家が老朽化し耐震性能が将来不足すること
が見込まれる場合には，その期間を見込んで賃貸借契約期間を設定できる定
期借家契約を利用することは1つの有用な手段でしょう。

第**3**章　空き家対策としての有効活用

1 「空き家」問題

　一人暮らしの高齢者の増加などを背景に，全国の空き家は増加の一途をたどっています。総務省の調査によると，2018年10月時点で約846万戸あり，5年前の調査に比べ26万戸増えました。そのうち，賃貸用建物が431万戸と最多になっています。

　野村総合研究所は，既存住宅の除却や住宅用途以外への有効活用が進まなければ，2033年には空き家が2倍以上の約2,160万戸に膨らむとの試算を出しています。

　また，国土交通省の実態調査（2014年）では，人が住まなくなってからの期間は「10年以上」が31％で最も多く，「5年以上」との合計で5割を超えています。

　空き家は放置すると，雑草が伸びるなどして景観が損なわれるほか，資産価値も下落し，また，地震による倒壊や事件に巻き込まれるリスクもあり，関係者は「住環境の悪化や行政コストの増大を招きかねない」と指摘しています。

　こうした状況を踏まえ，国は2015年，空家等対策の推進に関する特別措置法を施行し，倒壊の危険や景観を損なう空き家を「特定空き家」と位置づけ，自治体が所有者に撤去や修繕を命令できるようにしました。

また，自治体の取組みや物件の流通促進への支援も行っており，2018年度予算の概算要求で関連費用として約400億円を盛り込んでいます。その成果もあってか，総務省が2018年に行った調査によれば，調査対象となった自治体93件のうち88件が，管理不全の空き家に対する「状況改善に向けた何らかの対応」を実施していることが判明しています（2018年「空き家対策に関する実態調査」）。

2 空き家問題への対策としての定期借家契約

このような空き家問題による「防災，衛生，景観等の地域住民の生活環境」への影響を避けるため，また，資産価値を維持するため，各自治体やNPO法人が空き家の利用・活用促進対策を進めているところですが，その中でも多くの自治体等が取り組んでいる対策が「空き家情報の提供（空き家バンクの運営等）」です。

この「空き家バンク」は，自治体やNPO法人が空き家の登録を募り，ウェブ上で物件情報を公開するなどして買主や賃借人を探すというものです。

今後，「空き家バンク」への登録件数，ひいては「空き家バンク」等を介した成約件数を増やすためには，空き家の売買・賃貸借の需要を喚起する試みが必須であると思われ，実際，市町村等でもそのような試みが行われています。

また，そのような積極的な需要喚起と同時に，空き家の多くが賃貸用建物であることから，空き家の賃貸借を促進することは大きな意義があるものと思われます。

この点，空き家の賃貸借をためらわせる消極的な要因を取り除くことが必

要となりますが，そのためには定期借家契約が有効であると思われます。

　というのは，空き家の賃貸借を家主がためらう消極的な要因としては，「空き家の修繕費用を負担しなければならないこと，一度賃貸してしまうと返還を求めるのが困難だ」と考えている家主が多いことなどが挙げられています。

　そこで，空き家問題の有効対策として，たとえば，賃貸の期間を5年から10年までと限定するような定期借家契約の締結を促進し，一度賃貸してしまうと返還を求めるのが困難だと考えて空き家の有効利用をためらっている家主に空き家を有効利用してもらうことが考えられます。

第4章 その他の「定期借家契約」の今日的利用方法

1 賃借人の選別による環境改善

　賃貸マンションなどにおいては，定期借家契約を使えば，賃貸人が賃借人を選別することができ，マンションの環境改善または維持に役立つことでしょう。

　というのも，定期借家契約は，契約期間が満了すれば，契約が終了して必ず明け渡してもらうことができ，再契約をするかどうかは，もっぱら賃貸人が自由に決めることができ，再契約をしない理由を述べる必要がないため，賃貸人は，たとえば，ゴミ出しルールを守らない，騒音が多く隣接住人からの苦情が多い，またはこれらのことを注意した際の態度が怖いなどの理由で再契約をしたくない賃借人に対し，これらの理由を言わずに，契約期間が満了したことだけを理由として契約終了を告げ，明渡しを求めることができるからです。

　普通借家契約においても，契約締結後，暴力団組員であったことが判明したときは契約を解除することができる旨の条項（いわゆる暴排条項）を設けることができ，近時の契約書にはほとんどもれなく同条項が設けられていますが，実際は，「暴力団組員」であるかどうかを証明することは容易ではありません（昔と違って，暴力団事務所として利用された際に金看板が掲げられることはほとんどないし，暴力団組員であることを示す名刺を使っている

Part3
定期借家契約の今日的活用を考えよう

暴力団組員もほとんどいないからです。ただし，警察本部に対する照会で回答を得られることがあります）。

また，調査の結果，正式な暴力団組員ではなく周辺者に過ぎないことが判明する場合も多く，暴排条項によって契約締結後に賃貸借契約を解除できる場合は非常に限られています（ただし，この条項の存在により，暴力団組員が素性を隠して賃貸借契約を締結してくることを未然に防いでいる面もあります）。

そこで，「暴力団組員」などの人的属性による規制ではなく，①暴行・傷害・脅迫・恐喝・強要等犯罪行為をしたこと，②共用部分を損傷したこと，③騒音を出したり大声を出したり迷惑行為をしたことなどを解除事由と定め，これらの事由のあるときに契約を解除できる旨の条項を設けることも考えられますが，①②はともかく，③の事由の存否については証明が困難な場合も多く，証明ができても，解除に値する程度のものであるかどうかをめぐって紛争になりやすいという難点があります。

しかし，定期借家契約にしておけば，再契約をしないことによって，賃貸人や隣接住民を悩ませる人物と，何らの話し合いも要せずに関係を断つことができるわけです。

そして，この定期借家契約の特長を利用すれば，最初の契約は短めに1年契約として賃借人がどんな人であるかを観察し，問題のない人であれば，再契約の際の契約期間は3年ないしは5年と長めに設定するという使い方もできます。

確かに，賃借人側からすれば，再契約が保証されない定期借家契約では安心して入居できないという気持ちになるかもしれません。ましてや，最初の契約期間が1年の定期契約など，引越し代がかさむ危険性があって借りることができないと思われるかもしれません。

しかし，その賃貸物件自体が魅力的なものであれば，むしろ，周りに迷惑

をかけるような人は賃貸人によって排除され，良い人ばかりが住んでいる環境の良い物件に違いないとの評価を得ることができる可能性もあります。

　あるいは，たとえば，「①当初契約期間の１年の間に，ゴミ出しルール違反が３回未満，②居住者からの苦情申出２回未満（ただし，明らかに苦情申出に合理性のない場合を除く），③家賃の支払い遅滞２回未満，の条件を満たす場合は，契約終了後，期間３年の再契約をする」などとの条件付き再契約予約契約を伴う定期借家契約にすれば，賃借人も安心して契約できるのではないでしょうか。

２ 終了通知事務を勘案した期間の設定または解体・再築を見越した期間の設定

　賃貸人または賃貸人から管理を任されている不動産業者にとって，定期借家契約は，契約期間終了前に終了通知を忘れずに発送しなければならないという点がわずらわしく，このことが理由で採用が敬遠されているという面があるようです。

　しかしながら，新規に定期借家契約を締結する際，その終期を意識し，たとえば同じマンションについては，すべて同じ終期になるように契約締結時期に応じて契約期間を（「１年３か月」等と）調整すれば，いずれは，すべての部屋の契約期間の終期が同じ月になり，終了通知の発送事務は簡略化されていくでしょう。

　また，そうしておけば，やがて建物が老朽化し，解体や建替えが必要になった場合にも，スムースに着工することが可能になります。なお，2000年３月１日（特別措置法施行日）よりも前に賃貸借契約を締結しているマンションの場合は，普通借家契約から定期借家契約への切替えが許されていませんので（附則３条），この方法を採ることができず，難しいところです。

3 超高齢社会における定期借家契約

　子と離れて住む親の生活が，その能力の低下によっていつのまにか独力では成り立たなくなり，要介護認定を受けて定期的にヘルパーさんによる手伝いを受けるも，それでも自宅での生活が困難になる日が来たとき，親は，やむなく老人ホームに入居することになるかもしれません。

　ただし，親が老人ホームに入居して自宅（実家）が空き家になったからといって，すぐに他人に売却してしまうことは，長年住み慣れた自宅（実家）をやむなく離れることになった親の気持ちを考えると，なかなかできることではありません。

　かといって，空き家になったままの期間が長くなって自宅（実家）の外観が荒れ始めると，近所の人たちからは，無用心（不審者の侵入，放火等の心配）だとか，景観を損なうといって，善処するよう求められることにもなりかねません。

　そこで，考えられるのが，定期借家契約による賃貸です。親がその能力を回復し，自宅での生活が可能となったときはいつでもまた使えるように，短い契約期間で定期借家契約を結ぶのです（自宅での生活を再開できることはほとんど無いと思われますが，親には通常，そのように説明することになるでしょう）。

　もちろん，短い期間の定期借家契約では借り手も少ないでしょうから，相当賃料を安くする必要があるかもしれません。しかし，これで近所の人たちの不安を解消させることができますし，人が住まないことによって建物が傷むという事態も回避することができますので，一考に値すると思います。

　仮に，その後，親が亡くなった時，子どもたちの中に実家に住みたい者がいなければ，遺産分割協議をした上で（※遺言のないとき）売却する必要が

あります。もし，子どもたちがそれぞれ実家から遠方に住んでいれば，それだけで，話し合いは難航しますし，いざ，売却しようと意見が一致しても，なかなか思うような金額で売れないなど，空き家のままの状態は継続しがちです。

　そのようなときにも，遺産分割協議が調うまで，また，適切な金額で買ってくれる人が見つかるまで，短い契約期間で定期借家契約を締結し，新規または再契約を続けるという使い方も考えられます。

Part4

定期借家制度の
立法経緯を押さえよう

最後に，解釈において重視される立法経緯をもう一
度押さえておきましょう。Part 2 における解釈の中
には，ここでみる創設経過や立法過程における議論
を参照しているものもあります。

Part4

<small>第</small>**1**<small>章</small> 定期借家制度の創設経過

1 定期借家制度の創設

　1999年12月9日，「良質な賃貸住宅等の供給の促進に関する特別措置法」（以下，「特措法」といいます）が成立しました。

　この特措法5条によって借地借家法の一部が改正され，2000年3月1日の施行により，新しく創設されたのが定期借家制度です。

2 普通借家契約における正当事由制度

⑴　正当事由制度の概要

　借地借家法では，定期借家制度が創設される以前から存在する普通借家契約については，定期借家制度における場合とは異なり，必ずしも契約期間の満了に伴い賃貸借契約が終了することとはされていません。

　すなわち，普通借家契約においては，契約期間の定めがあっても，当事者が期間満了の1年前から6か月前までの間に相手方に対して①契約を更新しない旨の通知または②条件を変更しなければ更新をしない旨の通知をしなければ，従前と同一の条件で（ただし，契約期間は定めがないものとされま

200 Part4
定期借家制度の立法経緯を押さえよう

す）契約を更新したものとみなされます（借地借家法26条1項）。

　したがって，契約期間の定めがあっても，適切な時期に更新をしない旨の通知をしなければ，契約を終了させることはできません。

　他方，契約期間の定めがない場合は，建物の賃貸人は，6か月前に解約の申入れをする必要があります（借地借家法27条1項「建物の賃貸人が賃貸借の解約の申入れをした場合においては，建物の賃貸借は，解約の申入れの日から六月を経過することによって終了する」）。

　したがって，建物の賃貸人が普通借家契約を終了させるためには，契約期間の定めがある場合には上記の通知（期間満了の1年前から6か月前までの間における賃借人に対する契約を更新しない旨の通知）を行い，期間の定めがない場合には6か月前の解約申入れを行う必要がありますが，これだけでは足りません。

　すなわち，賃貸人は，正当事由がある場合に限って，上記の通知や解約の申入れをすることができるとされ（借地借家法28条），正当事由がない場合における契約の終了が制限されています。

　そして，正当事由があるかどうかについては，まず，①「建物の賃貸人及び賃借人が建物の使用を必要とする事情」（賃貸人・賃借人双方の事情）を考慮し，その他に，②「建物の賃貸借に関する従前の経過，建物の利用状況及び建物の現況」並びに③立退料の提供（「建物の賃貸人が建物の明渡の条件として又は建物の明渡と引換えに建物の賃借人に対して財産上の給付をする旨の申出をした場合におけるその申出」）を総合的に考慮して判断することとされています（借地借家法28条参照）。

　賃貸人に建物を使用する必要性があるからといって直ちに正当事由が認められることはなく，実務上は，正当事由が認められるためのハードルは相当程度高いものであると言わざるを得ません。

　このように，借地借家法では，正当事由がなければ普通借家契約を終了さ

せられないという制度（正当事由制度）の下，居住あるいは営業の場である建物を使い続けたいと願う賃借人の期待を強く保護してきたのです。

(2) 正当事由制度に対する批判

もっとも，このように賃借人を強力に保護する正当事由制度に対しては，たとえば，以下のような弊害などが指摘されていました（経済審議会行動計画委員会「土地・住宅ワーキング・グループ報告書」（1996年10月9日）参照）。

① 高額の立退料の必要性

正当事由制度によって賃貸人からの解約が強力に制限されており，高額な立退料の提供でもしない限り，建物の返還を求めることができない。

② 継続賃料の抑制

裁判では，継続賃料の改訂は，常に近傍の新規市場賃料よりも低い水準に抑えられている。

③ 予測の困難性

正当事由に関する判例によれば，立退料の提供がなく正当事由が備わることは例外的であるが，正当事由の有無や必要な立退料の金額について，当事者があらかじめ予測することは困難である。

④ 賃貸住宅供給に与える弊害

以上のような弊害により，賃貸人は市場に物件を供給する意欲を減退させており，結果として潜在的な需要者たる賃借人が不利益を被っている。

そのような中で，正当事由制度を排除する定期借家制度の創設に関する検討が進んでいったのです。

3　特措法の成立・公布・施行

　定期借家制度の創設をめぐっては，法案の提出に至るまでにも正当事由制度を維持すべきか否かという点を含めて様々な意見の対立がありました（なお，法務省が設置した借地借家等に関する研究会が1997年6月13日に「借家制度等に関する論点」を公表して意見照会を行っており，寄せられた意見の概要が公表されています。NBL第620号45〜61頁，NBL第634号57〜70頁，NBL第635号44〜58頁，NBL第636号56〜62頁参照）。

　その結果，最終的には議員立法である「良質な賃貸住宅等の供給の促進に関する特別措置法」（特措法）の第5条によって借地借家法の一部が改正され，従前の普通借家契約を維持しつつ，定期借家契約を新設することを内容とした定期借家制度が創設されました。

　特措法は，議員立法として1999年7月に国会に提案され，同年12月9日に可決成立し，同月15日に公布されました。そして，特措法のうち，借地借家法の改正に関する部分は，2000年3月1日から施行されています。

Part4

第2章 立法過程における議論

1 国会における議論の内容の紹介

　新しく創設された定期借家制度は，特措法第5条によって改正された借地借家法38条に規定されましたが，国会における審議の過程で，同条の文言の解釈や趣旨等についても様々な議論がなされています。

　立法過程における議論を確認することは定期借家制度の理解や借地借家法38条の解釈に資するところがありますので，以下，議論された事項をいくつか紹介します。

2 借地借家法38条1項関係

(1)「公正証書による等書面によって契約をする」という文言について

①「公正証書による等」という例示

　借地借家法38条1項は，定期借家契約は「公正証書による等書面」によって契約しなければならないと定めていますが，必要とされる書面について特段の要件を定めておらず，公正証書が例示されているのみです。

② 書面性について

　1999年11月19日の第146回国会衆議院建設委員会において，根本匠議員は，書面性について，次のとおり答弁しています（同委員会会議録第5号参照）。

> 「定期借家契約は，御承知のとおり，従来の正当事由制度による保護のある借家契約と比較しますと，期間の満了により確定的に契約関係が終了することになりますから，これは当然あらかじめ想定しているわけですが，その効果において大きな差異が存在いたします。このため，口頭による契約を認めますと，賃借り人が定期借家権の内容を十分に理解しないままに契約をして，不測の損害をこうむることにもなりかねません。こういう観点から，当事者の合意を明確にする，こういう観点で，三十八条第一項で書面による契約を義務づけることにいたしました」
>
> 「要は，きちんとした意思が表示されていることが必要で，したがいまして，市販による契約書でも私はいいと思いますが，メモによる契約というのはだめだと思いますね」

③ 公正証書が例示された点について

　根本匠議員は，公正証書を例示した点について，同日の同委員会において次の答弁もしています（同委員会会議録第5号参照）。

> 「当事者の意思の確認が最も厳重かつ確実に行われるという点に着目いたしまして，書面として公正証書を例示いたしました」
>
> 「公正証書によるというのは，当事者の意思の確認が最も厳重かつ確実に行われるということで例示をしておりまして，ではすべて公正証書に限るという選択はないのかということもありますが，公正証書による場合には手続的に煩雑な面もありますし，これはやはり双方のどこまで要求するかという負担の問題もありますから，これは常に公正証書によることを要求するということではなくて，厳格なものとして例示をしておりますが，手続的に煩雑な面もあるということを考慮して，公正証書によるか，その他のきちんとした書面によるかは，当事者の選択に任せるのが適切であると考えております」

⑵ 「契約の更新がないこととする旨を定めること」という文言について

① 定期借家契約の成立要件

借地借家法38条1項は，

> 期間の定めがある建物の賃貸借をする場合においては，……第三十条の規定にかかわらず，契約の更新がないこととする旨を定めることができる。

と規定しています。

　この点に関しては，1999年11月19日の第146回国会衆議院建設委員会において，保岡興治議員が「期間が定めてある，期間が確定的であると同時に，契約の更新がないとすることを明確に書いていないと，定期借家にはならないと思います」と答弁しているとおり（同委員会会議録第5号参照），契約上，一定の期間の定めがあり，かつ契約の更新がない旨を定めることが定期借家契約の成立要件となります。

　そして，「契約の更新がないこととする旨を定める」ことの具体的な意義について，同日の同委員会において，木島日出夫議員から「本契約は更新しないという文章ではなかった，しかし一文，期限には必ず返してもらいます，こういう文章が入った，そんな契約がもしつくられたとすれば，これは定期契約になるんでしょうか」という質問があり，これに対して保岡興治議員が「借地借家法の三十条の規定にもかかわらず，更新がされることがないということがポイントだと思います」と答弁していることが参考になります（同委員会会議録第5号参照）。

② 再契約について

　契約の更新がないとしても，賃貸人と賃借人の合意により別途再契約を行うことはあり得ることとなりますが，再契約の条件に関して，審議段階で以下のような意見がありました。もっとも，再契約の条件に関しては，それ以

上に具体的な議論が行われることはありませんでした。

> 「問題は，再契約に当たって，家主が借家人に酷な条件で，たとえば非常に高額な賃料を要求するなど，再契約を要求し，借家人は立ち退くわけにもいかず，やむを得ずこれに応じなければならない場合です。当初の契約設定時の契約条件については基本的に当事者の自由にゆだねてよいと思いますが，再契約の契約条件については，ある程度の制限を付すべきと考えております」
> （平成11年11月24日の第146回国会衆議院建設委員会における弁護士・不動産鑑定士 澤野順彦参考人の発言。同委員会会議録第6号参照）

3 借地借家法38条2項，3項関係

(1) 借地借家法38条2項，3項の概要

借地借家法38条2項は，定期借家契約を締結する場合，建物の賃貸人は，あらかじめ，建物の賃借人に対し，

> 契約の更新がなく，期間の満了により当該建物の賃貸借が終了することについて，その旨を記載した書面を交付して説明しなければならない。

と規定し，同条3項は，その説明をしなかったときは，

> 契約の更新がないこととする旨の定めは，無効とする。

と規定しています。

⑵ 議論されなかった実務上の諸問題

　実務では，具体的な説明のあり方に関して，たとえば以下のような点が問題となりますが，審議段階ではこれらの点に関する議論は見当たりません。

① 定期借家契約の説明と宅地建物取引業者による重要事項の説明とを兼ねることができるのか。

② 「あらかじめ」とは，どの程度前に行うことを要求するものか。契約と同時でもよいのか。

③ 「書面を交付して説明」とは，書面の交付とは別に，口頭での説明を要求するものか。説明の内容はどの程度のものが要求されるのか。

④ 借地借家法38条４項，６項関係

⑴ 借地借家法38条４項，６項の概要

　借地借家法38条４項は，その本文で，定期借家契約において，

> 　期間が一年以上である場合には，建物の賃貸人は，期間の満了の一年前から六月前までの間（以下この項において「通知期間」という。）に，建物の賃借人に対し期間の満了により建物の賃貸借が終了する旨の通知をしなければ，その終了を建物の賃借人に対抗することができない（注；契約の終了を建物の賃借人に主張できない）。

と規定しています。さらに，同条項のただし書では，

> 　建物の賃貸人が通知期間の経過後建物の賃借人に対しその旨（注；契約終了）の通知をした場合においては，その通知の日から六月を経過した後は，

Part4
定期借家制度の立法経緯を押さえよう

この限りでない（注；契約の終了を建物の賃借人に対して主張できる）。

と規定しています。

　そして，同条6項は，これに反する特約で賃借人に不利なものは無効とすると規定しています。

⑵　契約終了通知を怠った場合について

　借地借家法38条4項は，通知期間経過後に契約終了通知を行う場合の時期について，何らの制限を設けていません。

　このため，審議段階において，賃貸人が契約終了通知を怠った場合の法律関係や，通知期間経過後に契約終了通知を行う時期に制限を設けるべきではないかという点が問題になっています。

　具体的には，たとえば，審議段階で以下のような発言がありましたが，結局，通知期間経過後に通知を行う場合の時期について制限は設けられず，また，賃貸人が契約終了通知を怠った場合の法律関係は解釈に委ねられることとなりました。

　　「問題は，この通知期間の経過後の通知はいつまですればよいかについて期間の限定がないことです。たとえば，極端に言えば，定期借家期間が満了後も再契約をしないで家賃だけ受け取って，明け渡しをしてもらいたいときは，六カ月前に通知をすればいつでも，たとえば十年先でも契約が終了するということになります。この解釈はいかにも不当です。期間満了までに通知がないときは普通借家となると解することもできますが，そのように解釈して絶対に問題はないとまで言い切れません。その点で，余計な紛争の種を残すという点では，この部分については立法上の欠陥だと考えております」（平成11年11月24日の第146回国会衆議院建設委員会における弁護士・不動産鑑定士　澤野順彦参考人の発言。同委員会会議録第6号参照）

「法案では，契約を終了させるための通知につき，本来の通知期間を過ぎても家主はいつでも通知できるとしています。しかし，これでは，契約期間の満了後も家主から通知がなく借家人が住み続けているという場合の法律関係が不明確になります。やはり，通知は遅くとも契約期間の満了までにするというように改めた方がいいかと思います」（平成11年12月7日の第146回国会参議院国土・環境委員会における東京大学社会科学研究所教授 原田純孝参考人の発言。同委員会会議録第4号参照）

5 借地借家法38条5項，6項関係

(1) 借地借家法38条5項，6項の概要

借地借家法38条5項は，床面積200㎡未満の居住用建物の建物賃貸借の場合，「転勤，療養，親族の介護その他のやむを得ない事情により，建物の賃借人が建物を自己の生活の本拠として使用することが困難となったとき」は，賃借人は解約の申入れをすることができ，解約の申入日から1か月を経過することで契約が終了すると規定しています。そして，同条6項は，これに反する特約で賃借人に不利なものは無効とすると規定しています。

(2) 中途解約権について

本条項で認められている中途解約権については，成立した法律に定められている200㎡未満の居住用建物に限って認めるべきであるという見解に対して，国会の審議では，そもそも中途解約権はないほうがよいという見解や，反対に，中途解約権を認める範囲を広げるべきだという見解も示されています。

この点，200㎡未満の居住用建物に限って認めるべきであるという本条項

の趣旨に関して，1999年11月19日の第146回国会衆議院建設委員会及び同年12月7日の第146回国会参議院国土・環境委員会において，保岡興治議員から以下のような説明がなされています。

> 「すなわち，200㎡未満の建物の居住者は，比較的規模の大きい建物の居住者よりも経済的な力が弱く，また，情報面でも弱い立場にあることを考慮して中途解約権を認める必要がある一方，これを超える建物の居住者や事業者は，自らリスクを判断して中途解約に関する特約等を結ぶなどしてリスクを回避することが期待される。そこで，賃貸人の賃料収入を確実に予測できるようにすることのメリットとの調和を図りつつ，200㎡未満の居住用建物に限って中途解約権を認めることとした」（平成11年11月19日の第146回国会衆議院建設委員会会議録第5号，同年12月7日の第146回国会参議院国土・環境委員会会議録第4号参照）

　なお，本条項は，200㎡未満の居住用建物以外の建物の定期借家契約の場合について，あるいは200㎡未満の居住用建物の定期借家契約であってもやむを得ない事情がない場合について，特約により賃借人の中途解約権を認めることを否定するものではありません。

　したがって，賃借人は，自らの判断で中途解約に関する特約を結んでおく必要があることに変わりはなく，このことは，期間の定めのある普通借家契約の場合と異なることはありません。

　また，中途解約権に関する特約がない場合でも，事情変更の原則や公序良俗といった民法の一般原則を適用することによって，契約が終了する場面があると解する余地があること自体は，国会審議の場においても否定されていません（平成11年12月7日の第146回国会参議院国土・環境委員会会議録第4号参照）。

6 借地借家法38条7項関係

(1) 借地借家法38条7項の概要

　借地借家法38条7項は，定期借家契約においては，賃料の改定に関する「特約」がある場合，事情の変更によって定められた賃料の額が不相当となった場合でも，賃料の増額・減額を請求することができないと規定しています。

　これについて，国会審議の場においては，「本条項の趣旨は賃貸人の賃料収入を確実に予測できるようにすることにある」と説明されています（平成11年12月7日の第146回国会参議院国土・環境委員会会議録第4号参照）。

(2) 国会審議の状況について

　国会審議の場においては，「特約」の内容に関して，賃貸人に一方的に有利な特約がなされることに対する懸念が指摘されている場面もありますが（平成11年12月7日の第146回国会参議院国土・環境委員会会議録第4号参照），それ以上に「特約」の内容に関する具体的な議論は行われてはいません。

参 考 資 料

CONTENTS

定期賃貸住宅契約についての説明／214
　借地借家法第38条第２項関係

定期賃貸住宅契約終了についての通知／215
　借地借家法第38条第４項
　定期賃貸住宅標準契約書第２条第３項関係

定期賃貸住宅標準契約書（改訂版）／216

　　　　　　　　　（国土交通省ホームページより引用）

○年○月○日

定期賃貸住宅契約についての説明

貸　主（甲）住所

氏名 ○ ○ ○ ○　　　印

代理人　　　住所

氏名 ○ ○ ○ ○　　　印

　下記住宅について定期建物賃貸借契約を締結するに当たり、借地借家法第38条第2項に基づき、次のとおり説明します。

　下記住宅の賃貸借契約は、更新がなく、期間の満了により賃貸借は終了しますので、期間の満了の日の翌日を始期とする新たな賃貸借契約（再契約）を締結する場合を除き、期間の満了の日までに、下記住宅を明け渡さなければなりません。

記

(1) 住　宅	名　称	
	所在地	
	住戸番号	
(2) 契約期間	始期	年　　月　　日から
	終期	年　　月　　日まで

※(2)の右端に「　　年　　月間」欄あり

　上記住宅につきまして、借地借家法第38条第2項に基づく説明を受けました。

○年○月○日

借　主（乙）住所

氏名 ○ ○ ○ ○　　　印

○年○月○日

定期賃貸住宅契約終了についての通知

（賃借人）　住所
　　　　　　氏名　○○○○　殿

（賃貸人）　住所
氏名　○○○○　印

　私が賃貸している下記住宅については、平成　　年　　月　　日に期間の満了により賃貸借が終了します。
　［なお、本物件については、期間の満了の日の翌日を始期とする新たな賃貸借契約（再契約）を締結する意向があることを申し添えます。］

記

(1) 住　　宅

名　　称	
所 在 地	
住戸番号	

(2) 契約期間

始期	年　　月　　日から	年
終期	年　　月　　日まで	月間

(注)　1　再契約の意向がある場合には、［　］書きを記載してください。
　　　2　(1)及び(2)の欄は、それぞれ頭書(1)及び(2)を参考にして記載してください。

定期賃貸住宅標準契約書（改訂版）

（1）賃貸借の目的物

<table>
<tr><td rowspan="5">建物の名称・所在地等</td><td>名　称</td><td colspan="6"></td></tr>
<tr><td>所在地</td><td colspan="6"></td></tr>
<tr><td rowspan="3">建て方</td><td rowspan="3">共同建
長屋建
一戸建
そ の 他</td><td rowspan="2">構造</td><td colspan="2">木造</td><td>工事完了年</td></tr>
<tr><td colspan="2">非木造（　　　　　　）</td><td>　　　　　　　　　年</td></tr>
<tr><td>戸数</td><td colspan="2">　　　　　　階建
　　　　　戸</td><td>（　大規模修繕を　）
（　　　　）年
実　　　施</td></tr>
</table>

<table>
<tr><td rowspan="14">住戸部分</td><td colspan="2">住戸番号</td><td>　　　号室</td><td>間取り</td><td colspan="2">（　　　）LDK・DK・K／ワンルーム／</td></tr>
<tr><td colspan="2">面　積</td><td colspan="4">　　　　　　　㎡　（それ以外に、バルコニー＿＿＿＿＿㎡）</td></tr>
<tr><td rowspan="11">設備等</td><td colspan="2">トイレ</td><td colspan="3">専用（水洗・非水洗）・共用（水洗・非水洗）</td></tr>
<tr><td colspan="2">浴室</td><td>有・無</td><td colspan="2"></td></tr>
<tr><td colspan="2">シャワー</td><td>有・無</td><td colspan="2"></td></tr>
<tr><td colspan="2">洗面台</td><td>有・無</td><td colspan="2"></td></tr>
<tr><td colspan="2">洗濯機置場</td><td>有・無</td><td colspan="2"></td></tr>
<tr><td colspan="2">給湯設備</td><td>有・無</td><td colspan="2"></td></tr>
<tr><td colspan="2">ガスコンロ・電気コンロ・IH調理器</td><td>有・無</td><td colspan="2"></td></tr>
<tr><td colspan="2">冷暖房設備</td><td>有・無</td><td colspan="2"></td></tr>
<tr><td colspan="2">備え付け照明設備</td><td>有・無</td><td colspan="2"></td></tr>
<tr><td colspan="2">オートロック</td><td>有・無</td><td colspan="2"></td></tr>
<tr><td colspan="2">地デジ対応・CATV対応</td><td>有・無</td><td colspan="2"></td></tr>
</table>

インターネット対応　有・無
メールボックス　有・無
宅配ボックス　有・無
鍵　有・無　（鍵 No.　　　　　　　・　　　本）

		使用可能電気容量	（　　　　　　　）アンペア
		ガス	有（都市ガス・プロパンガス）・無
		上水道	水道本管より直結・受水槽・井戸水
		下水道	有（公共下水道・浄化槽）・無

付属施設	駐車場	含む・含まない	台分（位置番号：　　　　）
	自転車置場	含む・含まない	台分（位置番号：　　　　）
	バイク置場	含む・含まない	台分（位置番号：　　　　）
	物置	含む・含まない	
	専用庭	含む・含まない	

（2）契約期間

始期	年　　　月　　　日から	年　　　月間
終期	年　　　月　　　日まで	

　　　　（契約終了の通知をすべき期間　　年　　月　　日から　　年　　月　　日まで）

（3）賃料等

賃料・共益費		支払期限	支払方法	
賃　料	円	当月分・翌月分を 毎月　　　日まで	振込、口座振替又は持参	振込先金融機関名： 預金：普通・当座 口座番号： 口座名義人 振込手数料負担者：貸主・借主
共益費	円	当月分・翌月分を 毎月　　　日まで		持参先：
敷　金	賃料　　か月相当分 円			
附属施設使用料				
そ の 他				

（4）貸主及び管理業者

貸　主 （社名・代表者）	住所 〒 氏名　　　　　　　　　電話番号
管理業者 （社名・代表者）	住所 〒 氏名　　　　　　　　　電話番号 賃貸住宅管理業者登録番号　国土交通大臣（　　）第　　　　号

＊貸主と建物の所有者が異なる場合は、次の欄も記載すること。

建物の所有者	住所 〒 氏名　　　　　　　　　電話番号

（5）借主及び同居人

借　主		同　居　人	
氏　名	（氏名） （年齢）　　歳	（氏名）　　　　　　（年齢）　　歳 （氏名）　　　　　　（年齢）　　歳 （氏名）　　　　　　（年齢）　　歳 合計　　　　人	
緊急時の連絡先	住　所 〒 氏　名　　　　電話番号　　　　借主との関係		

（契約の締結）
第1条　貸主（以下「甲」という。）及び借主（以下「乙」という。）は、頭書(1)に記載する賃貸借
　　の目的物（以下「本物件」という。）について、以下の条項により借地借家法（以下「法」という。）
　　第38条に規定する定期建物賃貸借契約（以下「本契約」という。）を締結した。
（契約期間）
第2条　契約期間は、頭書(2)に記載するとおりとする。
2　本契約は、前項に規定する期間の満了により終了し、更新がない。ただし、甲及び乙は、協議の
　　上、本契約の期間の満了の日の翌日を始期とする新たな賃貸借契約（以下「再契約」という。）を
　　することができる。
3　甲は、第1項に規定する期間の満了の1年前から6月前までの間（以下「通知期間」という。）
　　に乙に対し、期間の満了により賃貸借が終了する旨を書面によって通知するものとする。
4　甲は、前項に規定する通知をしなければ、賃貸借の終了を乙に主張することができず、乙は、第
　　1項に規定する期間の満了後においても、本物件を引き続き賃借することができる。ただし、甲
　　が通知期間の経過後乙に対し期間の満了により賃貸借が終了する旨の通知をした場合においては、
　　その通知の日から6月を経過した日に賃貸借は終了する。
（使用目的）
第3条　乙は、居住のみを目的として本物件を使用しなければならない。
（賃料）
第4条　乙は、頭書(3)の記載に従い、賃料を甲に支払わなければならない。
2　1か月に満たない期間の賃料は、1か月を30日として日割計算した額とする。
3　甲及び乙は、次の各号の一に該当する場合には、協議の上、賃料を改定することができる。
　　一　土地又は建物に対する租税その他の負担の増減により賃料が不相当となった場合
　　二　土地又は建物の価格の上昇又は低下その他の経済事情の変動により賃料が不相当となった場
　　　　合
　　三　近傍同種の建物の賃料に比較して賃料が不相当となった場合
（共益費）
第5条　乙は、階段、廊下等の共用部分の維持管理に必要な光熱費、上下水道使用料、清掃費等（以
　　下この条において「維持管理費」という。）に充てるため、共益費を甲に支払うものとする。
2　前項の共益費は、頭書(3)の記載に従い、支払わなければならない。
3　1か月に満たない期間の共益費は、1か月を30日として日割計算した額とする。
4　甲及び乙は、維持管理費の増減により共益費が不相当となったときは、協議の上、共益費を改定
　　することができる。
（敷金）
第6条　乙は、本契約から生じる債務の担保として、頭書(3)に記載する敷金を甲に預け入れるもの
　　とする。
2　乙は、本物件を明け渡すまでの間、敷金をもって賃料、共益費その他の債務と相殺をすることが
　　できない。
3　甲は、本物件の明渡しがあったときは、遅滞なく、敷金の全額を無利息で乙に返還しなければな
　　らない。ただし、甲は、本物件の明渡し時に、賃料の滞納、第14条に規定する原状回復に要する
　　費用の未払いその他の本契約から生じる乙の債務の不履行が存在する場合には、当該債務の額を
　　敷金から差し引くことができる。
4　前項ただし書の場合には、甲は、敷金から差し引く債務の額の内訳を乙に明示しなければならな
　　い。
（反社会的勢力の排除）
第7条　甲及び乙は、それぞれ相手方に対し、次の各号の事項を確約する。
　　一　自らが、暴力団、暴力団関係企業、総会屋若しくはこれらに準ずる者又はその構成員（以下
　　　　総称して「反社会的勢力」という。）ではないこと。
　　二　自らの役員（業務を執行する社員、取締役、執行役又はこれらに準ずる者をいう）が反社会
　　　　的勢力ではないこと。
　　三　反社会的勢力に自己の名義を利用させ、この契約を締結するものでないこと。
　　四　自らまたは第三者を利用して、次の行為をしないこと。
　　　　ア　相手方に対する脅迫的な言動又は暴力を用いる行為

イ　偽計または威力を用いて相手方の業務を妨害し、または信用を毀損する行為

（禁止又は制限される行為）

第8条　乙は、甲の書面による承諾を得ることなく、本物件の全部又は一部につき、賃借権を譲渡し、又は転貸してはならない。

2　乙は、甲の書面による承諾を得ることなく、本物件の増築、改築、移転、改造若しくは模様替又は本物件の敷地内における工作物の設置を行ってはならない。

3　乙は、本物件の使用に当たり、別表第1に掲げる行為を行ってはならない。

4　乙は、本物件の使用に当たり、甲の書面による承諾を得ることなく、別表第2に掲げる行為を行ってはならない。

5　乙は、本物件の使用に当たり、別表第3に掲げる行為を行う場合には、甲に通知しなければならない。

（契約期間中の修繕）

第9条　甲は、乙が本物件を使用するために必要な修繕を行わなければならない。この場合において、乙の故意又は過失により必要となった修繕に要する費用は、乙が負担しなければならない。

2　前項の規定に基づき甲が修繕を行う場合は、甲は、あらかじめ、その旨を乙に通知しなければならない。この場合において、乙は、正当な理由がある場合を除き、当該修繕の実施を拒否することができない。

3　乙は、甲の承諾を得ることなく、別表第4に掲げる修繕を自らの負担において行うことができる。

（契約の解除）

第10条　甲は、乙が次に掲げる義務に違反した場合において、甲が相当の期間を定めて当該義務の履行を催告したにもかかわらず、その期間内に当該義務が履行されないときは、本契約を解除することができる。

一　第4条第1項に規定する賃料支払義務

二　第5条第2項に規定する共益費支払義務

三　前条第1項後段に規定する費用負担義務

2　甲は、乙が次に掲げる義務に違反した場合において、甲が相当の期間を定めて当該義務の履行を催告したにもかかわらず、その期間内に当該義務が履行されずに当該義務違反により本契約を継続することが困難であると認められるに至ったときは、本契約を解除することができる。

一　第3条に規定する本物件の使用目的遵守義務

二　第8条各項に規定する義務（ただし、同条第3項に規定する義務のうち、別表第1第六号から第八号に掲げる行為に係るものを除く）

三　その他本契約書に規定する乙の義務

3　甲又は乙の一方について、次のいずれかに該当した場合には、その相手方は、何らの催告も要せずして、本契約を解除することができる。

一　第7条各号の確約に反する事実が判明した場合

二　契約締結後に自ら又は役員が反社会的勢力に該当した場合

4　甲は、乙が別表第1第六号から第八号に掲げる行為を行った場合は、何らの催告も要せずして、本契約を解除することができる。

（乙からの解約）

第11条　乙は、甲に対して少なくとも1月前に解約の申入れを行うことにより、本契約を解約することができる。

2　前項の規定にかかわらず、乙は、解約申入れの日から1月分の賃料（本契約の解約後の賃料相当額を含む。）を甲に支払うことにより、解約申入れの日から起算して1月を経過する日までの間、随時に本契約を解約することができる。

（契約の消滅）

第12条　本契約は、天災、地変、火災、その他甲乙双方の責めに帰さない事由により、本物件が滅失した場合、当然に消滅する。

（明渡し）

第13条　乙は、本契約が終了する日（甲が第2条第3項に規定する通知をしなかった場合においては、同条第4項ただし書きに規定する通知をした日から6月を経過した日）までに（第10条の規定に基づき本契約が解除された場合にあっては、直ちに）、本物件を明け渡さなければならない。

2　乙は、前項の明渡しをするときには、明渡し日を事前に甲に通知しなければならない。

（明渡し時の原状回復）

第14条　乙は、通常の使用に伴い生じた本物件の損耗を除き、本物件を原状回復しなければならない。

2　甲及び乙は、本物件の明渡し時において、契約時に特約を定めた場合は当該特約を含め、別表第5の規定に基づき乙が行う原状回復の内容及び方法について協議するものとする。

（立入り）

第15条　甲は、本物件の防火、本物件の構造の保全その他の本物件の管理上特に必要があるときは、あらかじめ乙の承諾を得て、本物件内に立ち入ることができる。

2　乙は、正当な理由がある場合を除き、前項の規定に基づく甲の立入りを拒否することはできない。

3　本契約終了後において本物件を賃借しようとする者又は本物件を譲り受けようとする者が下見をするときは、甲及び下見をする者は、あらかじめ乙の承諾を得て、本物件内に立ち入ることができる。

4　甲は、火災による延焼を防止する必要がある場合その他の緊急の必要がある場合においては、あらかじめ乙の承諾を得ることなく、本物件内に立ち入ることができる。この場合において、甲は、乙の不在時に立ち入ったときは、立入り後その旨を乙に通知しなければならない。

（連帯保証人）

第16条　連帯保証人は、乙と連帯して、本契約から生じる乙の債務（甲が第2条第3項に規定する通知をしなかった場合においては、同条第1項に規定する期間内のものに限る。）を負担するものとする。

（再契約）

第17条　甲は、再契約の意向があるときは、第2条第3項に規定する通知の書面に、その旨を付記するものとする。

2　再契約をした場合は、第13条の既定は適用しない。ただし、本契約における原状回復の債務の履行については、再契約に係る賃貸借が終了する日までに行うこととし、敷金の返還については、明渡しがあったものとして第6条第3項に規定するところによる。

（協議）

第18条　甲及び乙は、本契約書に定めがない事項及び本契約書の条項の解釈について疑義が生じた場合は、民法その他の法令及び慣行に従い、誠意をもって協議し、解決するものとする。

（特約条項）

第19条　第18条までの規定以外に、本契約の特約については、下記のとおりとする。

| |
| |
| 甲：　　　　　　　　　　印 |
| 乙：　　　　　　　　　　印 |

別表第 1（第 8 条第 3 項関係）

一	銃砲、刀剣類又は爆発性、発火性を有する危険な物品等を製造又は保管すること。
二	大型の金庫その他の重量の大きな物品等を搬入し、又は備え付けること。
三	排水管を腐食させるおそれのある液体を流すこと。
四	大音量でテレビ、ステレオ等の操作、ピアノ等の演奏を行うこと。
五	猛獣、毒蛇等の明らかに近隣に迷惑をかける動物を飼育すること。
六	本物件を、反社会的勢力の事務所その他の活動の拠点に供すること。
七	本物件又は本物件の周辺において、著しく粗野若しくは乱暴な言動を行い、又は威勢を示すことにより、付近の住民又は通行人に不安を覚えさせること。
八	本物件に反社会的勢力を居住させ、又は反復継続して反社会的勢力を出入りさせること。

別表第 2（第 8 条第 4 項関係）

一	階段、廊下等の共用部分に物品を置くこと。
二	階段、廊下等の共用部分に看板、ポスター等の広告物を掲示すること。
三	鑑賞用の小鳥、魚等であって明らかに近隣に迷惑をかけるおそれのない動物以外の犬、猫等の動物（別表第 1 第五号に掲げる動物を除く。）を飼育すること。

別表第 3（第 8 条第 5 項関係）

一	頭書(5)に記載する同居人に新たな同居人を追加（出生を除く。）すること。
二	1 か月以上継続して本物件を留守にすること。

別表第 4（第 9 条第 3 項関係）

畳表の取替え、裏返し	ヒューズの取替え
障子紙の張替え	給水栓の取替え
ふすま紙の張替え	排水栓の取替え
電球、蛍光灯、LED 照明の取替え	その他費用が軽微な修繕

別表第 5 （第 14 条関係）

【原状回復の条件について】
　本物件の原状回復条件は、下記Ⅱの「例外としての特約」による以外は、賃貸住宅の原状回復に関する費用負担の一般原則の考え方によります。すなわち、
・　賃借人の故意・過失、善管注意義務違反、その他通常の使用方法を超えるような使用による損耗等については、賃借人が負担すべき費用となる。
・　建物・設備等の自然的な劣化・損耗等（経年変化）及び賃借人の通常の使用により生ずる損耗等（通常損耗）については、賃貸人が負担すべき費用となる
ものとします。
　その具体的内容は、国土交通省の「原状回復をめぐるトラブルとガイドライン（再改訂版）」において定められた別表 1 及び別表 2 のとおりですが、その概要は、下記Ⅰのとおりです。

Ⅰ　本物件の原状回復条件
（ただし、民法第 90 条及び消費者契約法第 8 条、第 9 条及び第 10 条に反しない内容に関して、下記Ⅱの「例外としての特約」の合意がある場合は、その内容によります。）

1　賃貸人・賃借人の修繕分担表

賃貸人の負担となるもの	賃借人の負担となるもの
【床（畳・フローリング・カーペットなど）】	
1. 畳の裏返し、表替え（特に破損してないが、次の入居者確保のために行うもの） 2. フローリングのワックスがけ 3. 家具の設置による床、カーペットのへこみ、設置跡 4. 畳の変色、フローリングの色落ち（日照、建物構造欠陥による雨漏りなどで発生したもの）	1. カーペットに飲み物等をこぼしたことによるシミ、カビ（こぼした後の手入れ不足等の場合） 2. 冷蔵庫下のサビ跡（サビを放置し、床に汚損等の損害を与えた場合） 3. 引越作業等で生じた引っかきキズ 4. フローリングの色落ち（賃借人の不注意で雨が吹き込んだことなどによるもの）
【壁、天井（クロスなど）】	
1. テレビ、冷蔵庫等の後部壁面の黒ずみ（いわゆる電気ヤケ） 2. 壁に貼ったポスターや絵画の跡 3. 壁等の画鋲、ピン等の穴（下地ボードの張替えは不要な程度のもの） 4. エアコン（賃借人所有）設置による壁のビス穴、跡 5. クロスの変色（日照などの自然現象によるもの）	1. 賃借人が日常の清掃を怠ったための台所の油汚れ（使用後の手入れが悪く、ススや油が付着している場合） 2. 賃借人が結露を放置したことで拡大したカビ、シミ（賃借人に通知もせず、かつ、拭き取るなどの手入れを怠り、壁等を腐食させた場合） 3. クーラーから水漏れし、賃借人が放置したため壁が腐食 4. タバコのヤニ、臭い（喫煙等によりクロス等が変色したり、臭いが付着している場合） 5. 壁等のくぎ穴、ネジ穴（重量物をかけるためにあけたもので、下地ボードの張替えが必要な程度のもの） 6. 賃借人が天井に直接つけた照明器具の跡 7. 落書き等の故意による毀損
【建具等、襖、柱等】	
1. 網戸の張替え（特に破損はしてないが、次の入居者確保のために行うもの） 2. 地震で破損したガラス 3. 網入りガラスの亀裂（構造により自然に発生したもの）	1. 飼育ペットによる柱等のキズ、臭い（ペットによる柱、クロス等にキズが付いたり、臭いが付着している場合） 2. 落書き等の故意による毀損
【設備、その他】	
1. 専門業者による全体のハウスクリーニング（賃借人が通常の清掃を実施している場合） 2. エアコンの内部洗浄（喫煙等の臭いなどが付着していない場合） 3. 消毒（台所・トイレ） 4. 浴槽、風呂釜等の取替え（破損等はしていないが、次の入居者確保のために行うもの） 5. 鍵の取替え（破損、鍵紛失のない場合） 6. 設備機器の故障、使用不能（機器の寿命によるもの）	1. ガスコンロ置き場、換気扇等の油汚れ、すす（賃借人が清掃・手入れを怠った結果汚損が生じた場合） 2. 風呂、トイレ、洗面台の水垢、カビ等（賃借人が清掃・手入れを怠った結果汚損が生じた場合） 3. 日常の不適切な手入れもしくは用法違反による設備の毀損 4. 鍵の紛失または破損による取替え 5. 戸建賃貸住宅の庭に生い茂った雑草

2 賃借人の負担単位

負担内容		賃借人の負担単位	経過年数等の考慮
床	毀損部分の補修	畳	原則一枚単位 毀損部分が複数枚の場合はその枚数分（裏返しか表替えかは、毀損の程度による）	（畳表） 経過年数は考慮しない。
		カーペットクッションフロア	毀損等が複数箇所の場合は、居室全体	（畳床・カーペット・クッションフロア） 6年で残存価値1円となるような負担割合を算定する。
		フローリング	原則㎡単位 毀損等が複数箇所の場合は、居室全体	（フローリング） 補修は経過年数を考慮しない。 （フローリング全体にわたる毀損等があり、張り替える場合は、当該建物の耐用年数で残存価値1円となるような負担割を算定する。）
壁・天井（クロス）	毀損部分の補修	壁（クロス）	㎡単位が望ましいが、賃借人が毀損した箇所を含む一面分までは張替え費用を賃借人負担としてもやむをえないとする。	（壁〔クロス〕） 6年で残存価値1円となるような負担割合を算定する。
		タバコ等のヤニ、臭い	喫煙等により当該居室全体においてクロス等がヤニで変色したり臭いが付着した場合のみ、居室全体のクリーニングまたは張替費用を賃借人負担とすることが妥当と考えられる。	
建具・柱	毀損部分の補修	襖	1枚単位	（襖紙、障子紙） 経過年数は考慮しない。
		柱	1枚単位	（襖、障子等の建具部分、柱） 経過年数は考慮しない。
設備・その他	設備の補修	設備機器	補修部分、交換相当費用	（設備機器） 耐用年数経過時点で残存価値1円となるような直線（または曲線）を想定し、負担割合を算定する。
	鍵の返却	鍵	補修部分 紛失の場合は、シリンダーの交換も含む。	鍵の紛失の場合は、経過年数は考慮しない。交換費用相当分を借主負担とする。
	通常の清掃※	クリーニング ※通常の清掃や退去時の清掃を怠った場合のみ	部位ごと、または住戸全体	経過年数は考慮しない。借主負担となるのは、通常の清掃を実施していない場合で、部位もしくは、住戸全体の清掃費用相当分を借主負担とする。

設備等の経過年数と賃借人負担割合（耐用年数6年及び8年、定額法の場合）
賃借人負担割合（原状回復義務がある場合）

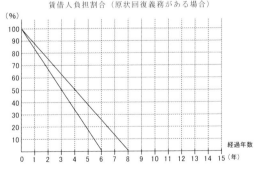

3 原状回復工事施工目安単価
　（物件に応じて、空欄に「対象箇所」、「単位」、「単価（円）」を記入して使用してください。）

対象箇所			単位	単価（円）
床				
天井・壁				
建具・柱				
設備・その他	共通			
	玄関・廊下			
	台所・キッチン			
	浴室・洗面所・トイレ			
その他				

※この単価は、あくまでも目安であり、入居時における賃借人・賃貸人双方で負担の概算額を認識するためのものです。
※従って、退去時においては、資材の価格や在庫状況の変動、毀損の程度や原状回復施工方法等を考慮して、賃借人・賃貸人双方で協議した施工単価で原状回復工事を実施することとなります。

II　例外としての特約

　原状回復に関する費用の一般原則は上記のとおりですが、賃借人は、例外として、下記の費用については、賃借人の負担とすることに合意します（但し、民法第90条及び消費者契約法第8条、第9条及び第10条に反しない内容に限ります）。
　（括弧内は、本来は賃貸人が負担すべきものである費用を、特別に賃借人が負担することとする理由。）

・

甲：　　　　　　　　　　　　印
乙：　　　　　　　　　　　　印

記名押印欄

　　下記貸主（甲）と借主（乙）は、本物件について上記のとおり賃貸借契約を締結したことを証するため、本契約書２通を作成し、記名押印の上、各自その１通を保有する。

平成　　　　　年　　　　　月　　　　　日

貸主（甲）　　住所 〒
　　　　　　　氏名　　　　　　　　　　　　　　　　　　　　　　　　印

借主（乙）　　住所 〒
　　　　　　　氏名　　　　　　　　　　　　　　　　　　　　　　　　印
　　　　　　　電話番号

連帯保証人　　住所 〒
　　　　　　　氏名　　　　　　　　　　　　　　　　　　　　　　　　印
　　　　　　　電話番号

媒介　　　　　免許証番号〔　　　　　〕　知事・国土交通大臣（　　　）　第　　　　号
　　業者
代理　　　　　事務所所在地

　　　　　　　商号（名称）

　　　　　　　代表者氏名　　　　　　　　　　　　　印

　　　　　　　宅地建物取引主任者　　登録番号〔　　　　　〕知事　第　　　　号
　　　　　　　　　　　　　　　　　氏名　　　　　　　　　　印

あとがき

　敬愛する島武男弁護士から，突然，定期借家制度の勉強会のお誘いを受け，一も二もなく集まった20代から50代の多様な弁護士が，本研究会のメンバーです。

　メンバーそれぞれは，日頃より定期借家契約書を作ることはあっても，定期借家契約が，今世の中でどのように使われているか，今どのような問題が生じているかということについて，当初の認識は乏しかったというのが現実です。

　ところが，研究会を重ね，実際に紛争となっている事例をみていくと，定期借家制度が，立法の際に説明された目的とは異なり，良質な賃貸住宅の供給の促進ではなく，大型商業施設のディベロッパーとそのテナントとの間の賃貸借契約の切替えに多く使われているなど，商業用の物件において使用されていることが圧倒的に多いことがわかってきました。

　メンバーそれぞれは，賃貸借契約の相談を受ける際，賃貸人側から相談を受けることもあれば，賃借人側から受けることもあります。

　研究会で実際の定期借家契約の多くの事案をみると，借家人の法的知識の乏しさ，情報力や交渉力のなさから，賃貸人から求められるまま，よく理解せずに定期借家契約を締結し，賃借人が不測の損害を受けている事案も少なくありませんでした。

　ここに至って，われわれは対等で適切な関係による定期借家契約の成立を期待し，真に法の予定する適切な制度の運用がなされることが必要と判断しました。そのためには，賃貸人，賃借人双方が，定期借家制度の正しい内容

を把握することが重要と考え，本書を執筆することとしました。

　いろいろと議論を交わし，多種多様な意見もありましたが，適切な制度運用が行われるためには，改めて定期借家制度の立法経緯と背景，本制度の正確な内容，さらには説明義務の位置づけ，賃借人の不測の損害の救済方法等を検討することが重要であると考えて研究会を重ねました。

　ただ，その途中，島武男弁護士が体調をくずし（現在は弁護士登録を抹消），研究会が一時中断する事態となってしまいました。その間にいくつか重要な判決が下されましたが，研究再開後は，これらの判決をすべてフォローし本書内に収めました。また，少子高齢化の進行による空き家問題，訪日外国人旅行者の増加に伴う民泊問題，相次ぐ大震災による耐震基準の見直し等により，定期借家契約をめぐる状況にも大きな変化が生じたことを勘案し，これらを踏まえた内容も加えることとしました。

　まだまだ研究は途上であり不十分な点が多々あると思いますが，既に定期借家契約を締結している方々，あるいはこれから締結しようとしている方々のお役に立てればと考えました。

　本書が，定期借家制度の正しい運用，そして有効活用に，少しでもお役に立てば幸いです。

　令和元年6月

定期借家研究会メンバー一同

執筆者紹介

島　武男（しま　たけお）
義理人情に厚く，依頼者のために徹底的に戦う，いわば野武士弁護士（昭和44年弁護士登録，平成29年登録抹消）。定期借家研究会の代表者。

加藤　安宏（かとう　やすひろ）
かとう法律事務所 弁護士（昭和60年登録）

塩路　広海（しおじ　ひろうみ）
塩路法律事務所 弁護士（昭和62年登録）

大東　恭治（おおひがし　きょうじ）
大東恭治法律事務所 弁護士（平成３年登録）

上田　憲（うえだ　けん）
さくら法律事務所 弁護士（平成７年登録）

奥岡　眞人（おくおか　まさと）
松柏法律事務所 弁護士（平成７年登録）

隈元　暢昭（くまもと　のぶあき）
さくら法律事務所 弁護士（平成15年登録）

鈴木　蔵人（すずき　くろうど）
色川法律事務所 弁護士（平成17年登録）

村岡　友一（むらおか　ゆういち）
村岡・原田法律事務所 弁護士（平成17年登録）

阪口　博教（さかぐち　ひろのり）
阪口綜合法律事務所 弁護士（平成20年登録）

大西　正朗（おおにし　まさお）
大西正朗法律事務所 弁護士（平成21年登録）

中尾　太郎（なかお　たろう）
中尾法律事務所 弁護士（平成25年登録）

定期借家研究会

「定期借家研究会」は，島武男弁護士（当時60代）が，得意分野の異なる20代から50代の弁護士を集めて作った勉強会です。

発足した2005年は，2000年３月から法改正が施行され，採用され始めた「定期借家制度」が５年目を迎える時期であり，最初の契約終期を迎えるテナントの中には，自己の予想に反して再契約がなされず，投下資本を回収できないなどの損害を被る者が続出するのではないかと予想されました。そこで島は，もっぱら中小企業たるテナントの側に立ち，デベロッパー等大企業と戦うための，いわば法的武器を提供する内容の書籍を製作したいと考え，勉強会を発足しました。

ところが，島が病に倒れて勉強会が中断している間に，定期借家制度をめぐる環境は大きく変化してきました。

そこで，われわれは勉強会を再開し，一方で，平成の時代に下された多くの裁判例を踏まえて改正法の解釈のあり方を探り，他方で，民泊，老朽借家または空き家等今日的問題への「定期借家制度」の活用という視点からの検討を加えて，本書を作成し直しました。

今後も，「定期借家制度」が令和の時代において益々有効に活用されるための研究を重ねていきたいと考えております。

空き家も民泊も……知らないなんてもったいない！

今こそ使おう「定期」借家契約

2019年９月５日　第１版第１刷発行	
2019年11月30日　第１版第２刷発行	

編　者　定　期　借　家　研　究　会
発行者　山　　本　　　　継
発行所　㈱中　央　経　済　社
発売元　㈱中央経済グループ
　　　　パ ブ リ ッ シ ン グ

〒101-0051　東京都千代田区神田神保町1-31-2
電話　03 (3293) 3371（編集代表）
　　　03 (3293) 3381（営業代表）
http://www.chuokeizai.co.jp/
印刷／東光整版印刷㈱
製本／㈲井上製本所

© 2019
Printed in Japan

＊頁の「欠落」や「順序違い」などがありましたらお取り替えいたしますので発売元までご送付ください。（送料小社負担）
ISBN978-4-502-31081-2　C3034

JCOPY〈出版者著作権管理機構委託出版物〉本書を無断で複写複製（コピー）することは，著作権法上の例外を除き，禁じられています。本書をコピーされる場合は事前に出版者著作権管理機構（JCOPY）の許諾を受けてください。
JCOPY〈http://www.jcopy.or.jp　eメール：info@jcopy.or.jp〉

················· **好評発売中** ·················

図解＆ストーリー「資本コスト」入門
岡俊子 著／A5判・224頁

ガバナンスコードの改訂等を背景に注目を集めている「資本コスト」を分かりやすく解説。

シニア社員の活かし方・処遇の仕方
―高年齢者雇用の企業対策とその留意点
齋藤清一・田中恒行 著／A5判・180頁

65歳以上の高齢者を本格的に活用する際の，高齢者の賃金制度や雇用の留意点を詳述。

相続発生後でも間に合う土地評価減テクニック〈第2版〉
税理士法人チェスター編／A5判・272頁

相続税・贈与税の実務で遭遇する論点を設例で解説。地積規模の大きな宅地の評価等の改正を反映した最新版。

脱コモディティ化を実現する価値づくり
―競合企業による共創メカニズム
陰山孔貴 著／A5判・160頁

日本の製造業が苦しむ「コモディティ化」の罠。シャープのヘルシオブランドを事例に，脱コモディティ化実現の方法を探る。

Q＆A市民のための消費者契約法
村千鶴子 著／A5判・256頁

幅広い読者を対象に，消費者契約法を，Q&A形式で具体的かつ平易に解説。2019年6月から施行される改正法に対応する。

格付機関の役割と民事責任論
―EU法・ドイツ法の基本的視座
久保寛展 著／A5判・256頁

EU法・ドイツ法を参照しながら，格付けの失敗に起因する投資損失の民事上の責任について，その法的根拠を検討する。

グローバル研究開発人材の育成とマネジメント
―知識移転とイノベーションの分析
村上由紀子 編著／A5判・272頁

日系多国籍企業の国境を越えた共同研究開発を対象に，グローバル研究開発人材の育成とマネジメントについて分析。

エネルギーの未来
―脱・炭素エネルギーに向けて
馬奈木俊介 編著／A5判・216頁

世界人口の増加に伴い，やがては枯渇するであろう現在のエネルギー資源。これを回避するための最新動向と展望を検証する。

中央経済社

·········· 好評発売中 ··········

図解でナットク！
会計入門 〈第２版〉
桝岡源一郎 編著／A5判・188頁

「値引きセールをしても儲かるの？」等
の身近な疑問をもとに，会計の全体像を
わかりやすい文章とイラストで解説。

商業登記実務から見た
合同会社の運営と理論
金子登志雄 監修・立花宏 著／A5判・252頁

設立が容易である一方，その後の変更手
続に難解な点の多い合同会社の運営実務
を明解に紐解く決定版！

はじめての特許出願ガイド
―考え方・表現を基礎から学ぶ
奥田百子・奥田弘之 著／A5判・300頁

明細書・クレームの書き方，それに伴う
特許調査や出願・中間対応業務について
わかりやすく解説。

無形資産の管理と
移転価格算定の税務
EY税理士法人 編／A5判・196頁

適正な移転価格の算定が困難な無形資産
について，最新の移転価格税制における移
転価格算定方法の検討や適用方法を解説。

はじめまして会計学
齋日出郎・山口幸三 編著／A5判・176頁

初学者を対象に，財務会計，経営分析，
管理会計，税務会計など大学で履修でき
る科目のエッセンスをわかりやすく解説。

非正社員改革
―同一労働同一賃金によって格差はなくならない
大内伸哉 著／四六判・268頁

同一労働同一賃金の原則は，何が問題か。
非正社員をめぐる紆余曲折を正しく理解
し，格差対策を考える。

流通論の基礎 〈第３版〉
住谷宏 編著／A5判・284頁

消費財に限定し，生産から消費までの取
引連鎖として流通が理解できるよう事例を
交えて平易な解説をした大好評の最新版。

地方創生でリッチになろう！
―成功する８つの心得
小島慶藏 著／四六判・288頁

若者，高齢者，初心者でも大きな成果を
出せ，住民も地域もリッチになる地方創
生の成功するための８つの心得を紹介。

中央経済社

············· 好評発売中 ·············

法人税申告書の最終チェック
─2019年5月申告以降対応版
齊藤一昭 著／B5判・208頁

法人税申告書の最終的なチェックポイントを簡潔に解説。経理部長や税理士事務所の所長の確認用として毎年好評。

消費税軽減税率の直前チェック
金井恵美子 著／A5判・164頁

2019年10月1日にスタートする消費税軽減税率をコンパクトに解説。法令，通達，ガイドラインなどもれなくチェック。

会社の整理・清算・再生手続のすべて
出口秀樹・片山雅也・長峰伸之・仲田理華 著／A5判・380頁

「積極的な」終わらせ方（合併など）から，「消極的な」終わらせ方（破産など）まで。終局時の会社手続のすべてがわかる1冊。

グローバル・ツーリズム
姜聖淑 著／A5判・216頁

急増するインバウンドにより激変したわが国の「観光」を体系的に整理。観光学，観光ビジネスの基本書として最適。

老舗企業の存続メカニズム
─宮大工企業のビジネスシステム
曽根秀一 著／A5判・268頁

世界最古の企業である金剛組をはじめ，超長寿企業に着目。老舗企業の存続（あるいは衰退）のメカニズムを明らかにする。

そのまま使える！ビジネス文書
─社内文書・社外文書・ビジネスメール・手書き文書
杉田あけみ 著／A5判・276頁

正確に伝わる社内文書，社外文書，ビジネスメール作成のための文例，レイアウトが満載！　文書のダウンロード特典も。

飛躍するチャイナ・イノベーション
─中国ビジネス成功のアイデア10
藤村幸義・雷海涛 編著／A5判・232頁

中国で日本企業が成功するためのアイデアを探る。現地取材や企業トップ・若手ビジネスマンへのインタビューを多数掲載。

小学生まあちゃんと学ぶ統計
伊藤伸介 著／A5判・208頁

10歳の小学生まあちゃんと英子ママ，統計の先生の3人の会話で，「統計」をゼロから楽しく学べる1冊。

中央経済社